Matrice des Processus Efficaces avec Zones Alignées

Un outil pour les entreprises visant la Clarté, l'Efficacité et la Durabilité.

JUAN PEZA

Copyright © 2024 Juan Peza
Tous droits réservés.
ISBN: 9798301992018

Pour Marie

Si vous ne pouvez pas décrire ce que vous faites comme un processus, vous ne savez pas ce que vous faites.
Edward W. Deming

Si vous ne pouvez pas l'expliquer simplement, c'est que vous ne le comprenez pas assez bien.
Albert Einstein

CONTENU

- CONTENU 11
- PRÉFACE 13
- INTRODUCTION 15
  - POURQUOI AI-JE ECRIT CE LIVRE ? 17
- **CHAPITRE 1 QU'EST-CE QU'UN PROCESSUS ET POURQUOI EST-CE IMPORTANT ?** 19
- **CHAPITRE 2 LA MATRICE PEZA** 29
  - QU'EST-CE QUE LA MATRICE PEZA ? 29
    - *Exemple d'utilisation du SIPOC et du RACI fusionnés* 35
  - CONSTRUCTION DE LA MATRICE PEZA 41
    - *Bloc 1 : Présentation* 41
    - *Bloc 2 : Transformation* 44
    - *Bloc 3 : Parties prenantes* 49
    - *Bloc 4 : Outils* 54
    - *Bloc 5 : Les Temps* 57
    - *Bloc 6 – L'empreinte carbone* 60
    - *Qualité et Coûts : Deux Blocs Clés à Approfondir* 64
- **CHAPITRE 3 OPPORTUNITÉS D'AMÉLIORATION ET DIFFÉRENTES UTILISATIONS DE LA MATRICE PEZA** 71
  - *Exemple de visualisation du processus de réservation en ligne d'un livre dans une bibliothèque.* 81
  - *Exemple de la matrice PEZA dans la gestion de projet* 88
  - *Exemple de visualisation d'une chaîne d'approvisionnement d'un magazine d'histoire avec la matrice PEZA.* 93
  - *Réflexion finale.* 99
- **À PROPOS DE L'AUTEUR** 101

PRÉFACE

Vous êtes-vous déjà demandé pourquoi, même en travaillant de plus en plus, les résultats ne s'améliorent pas comme vous l'espériez ? Peut-être avez-vous l'impression que les tâches deviennent de plus en plus complexes, que les projets prennent du retard ou que l'équipe perd en motivation. Si vous ressentez que vous pourriez améliorer votre façon de travailler, mais que vous ne trouvez pas la méthode adéquate, alors ce livre est fait pour vous.

Souvent, dans les petites entreprises comme dans les grandes organisations, nous sommes confrontés aux mêmes problèmes : un manque de clarté sur les rôles, des retards récurrents et ce sentiment que quelque chose ne fonctionne pas aussi bien que cela devrait. Nous avons à disposition de nombreux outils, mais la difficulté réside dans la recherche d'une manière simple et pratique de les utiliser, et surtout, dans le fait que tout le monde puisse les comprendre.

Après avoir observé, pendant des années, comment de nombreuses organisations s'embourbent dans des outils trop complexes, je suis arrivé à une conclusion : nous n'avons pas besoin de plus de théories ou de méthodologies compliquées. Ce qui manque, c'est une solution claire, directe et accessible, qui aide vraiment les gens à organiser leur travail de manière plus efficace. Une solution qui permette de voir facilement comment les choses sont faites aujourd'hui, et comment nous souhaitons qu'elles soient faites demain.

De cette réflexion est née la Matrice des Processus Efficaces avec des Zones Alignées (PEZA), un outil conçu pour transformer la façon dont vous gérez vos processus, quel que soit la taille de votre entreprise ou le secteur dans lequel vous travaillez.

Pour utiliser cette matrice, vous n'avez pas besoin de formation exhaustive ni de connaissances avancées. C'est un outil complet et pratique que n'importe qui peut appliquer, que ce soit au niveau opérationnel ou dans la gestion d'équipes. Elle vous permettra de visualiser, structurer et améliorer vos processus. Et il ne s'agit pas seulement d'être plus efficace, mais de faire en sorte que cette efficacité crée une véritable valeur, à la fois pour votre équipe et pour vos clients.

Ce livre n'a pas pour but de vous submerger de théories ou de concepts difficiles à appliquer. Mon objectif est simple : vous fournir un outil pratique et puissant pour transformer votre manière de travailler. Car, dans un monde qui ne s'arrête jamais, améliorer sa façon de travailler n'est pas une option, c'est une nécessité.

Alors, je vous pose la question : continuerez-vous à faire la même chose en espérant des résultats différents ? Le moment est venu de reprendre le contrôle, de remettre en question ce qui ne fonctionne pas et de mettre en œuvre des solutions qui ont un impact réel.

INTRODUCTION

Dans le monde actuel des affaires, les entreprises doivent s'adapter et répondre rapidement aux besoins de leurs clients. Il ne s'agit pas seulement d'exécuter des tâches, mais de le faire de manière à apporter le plus de valeur possible, tant aux clients qu'à l'entreprise elle-même.

Malgré l'importance des processus, les outils traditionnels utilisés pour les organiser et les améliorer sont souvent complexes et difficiles à comprendre pour beaucoup. C'est ici qu'intervient la matrice PEZA (Processus Efficaces avec des Zones Alignées).

Cette matrice se présente comme une solution pratique, facile à utiliser et applicable à tout type d'organisation. Son objectif est de fournir une vision claire et complète permettant aux entreprises d'examiner tous les aspects essentiels d'un processus : des matériaux utilisés et des personnes impliquées, jusqu'aux délais et aux outils nécessaires. Cette approche globale aide à :

- Assurer une communication claire entre les services.
- Clarifier les rôles de chacun.
- Identifier les problèmes dans le processus.
- Optimiser l'utilisation des ressources.
- S'assurer que les processus sont orientés vers la création de valeur pour le client.
- Mesurer l'empreinte carbone générée par les processus.

De plus, la matrice permet à tous les membres de l'organisation, qu'ils soient responsables ou collaborateurs, de comprendre comment cette valeur est générée, en posant les bases d'une amélioration continue.

La matrice PEZA est organisée autour de cinq aspects principaux :

1. **Éléments du Processus** : Quelles activités sont réalisées ? Quels matériaux sont utilisés ? Quels résultats sont attendus ?
2. **Parties prenantes** : Qui est impliqué dans le processus ? Quel rôle jouent les fournisseurs, les clients et les autres intervenants ?
3. **Outils** : Quels sont les moyens utilisés pour transformer les matériaux en résultats ? Quelles technologies ou systèmes sont employés ?
4. **Délais** : Combien de temps dure chaque activité du processus ? Comment rendre l'utilisation du temps plus efficace ?
5. **Gestion Environnementale** : Quel est l'impact du transport sur les émissions de carbone liées au processus ? Comment chaque étape du processus contribue-t-elle à l'empreinte carbone totale ?

La grande force de la matrice PEZA réside dans sa simplicité, grâce à sa structure modulaire. Elle ne nécessite pas de connaissances techniques avancées pour être utilisée. La matrice se construit en répondant à des questions simples : qu'est-ce qui est produit à cette étape ? Quelle matière première ou quelle information est transformée ? Avec quel outil cette transformation est-elle effectuée ? Etc. C'est un outil polyvalent qui peut être utilisé par des directeurs de grandes entreprises, des chefs de projets dans des startups ou des professionnels souhaitant améliorer leurs processus dans n'importe quelle industrie.

Dans ce livre, nous explorerons chaque composant de la matrice PEZA à travers des exemples et des cas pratiques qui vous aideront à l'appliquer dans votre propre environnement. Que ce soit pour planifier un projet ou gérer une chaîne d'approvisionnement, cette méthodologie vous aidera à visualiser, organiser et améliorer vos processus, afin de générer la plus grande valeur possible pour vos clients.

Pourquoi ai-je écrit ce livre ?

Ce livre a pour objectif de vous fournir un guide clair et accessible pour comprendre et améliorer les processus au sein de votre organisation, en utilisant la matrice PEZA comme principal outil.

Au cours de ma carrière, j'ai travaillé avec des entreprises issues de secteurs variés, tels que la logistique, la banque, la fabrication ou encore la restauration. J'ai souvent constaté qu'il manquait des outils simples et compréhensibles pour gérer efficacement des processus complexes.

Ce n'est pas un livre de théories compliquées. C'est un manuel pratique que vous pouvez appliquer au quotidien. Que vous cherchiez à améliorer la production dans une usine, l'expérience de vos clients, la gestion d'un projet ou à réduire l'empreinte carbone de vos processus, ce livre vous guidera pas à pas.

Mon objectif est de vous fournir un outil qui vous permette de représenter rapidement vos processus, votre chaîne d'approvisionnement ou vos projets, facilitant ainsi la prise de décisions et la communication avec les parties prenantes. Cela vous permettra de clarifier sans ambiguïté les responsabilités et, surtout, de vous mettre d'accord sur les priorités pour améliorer le processus.

Si vous êtes familier avec les méthodologies de résolution de problèmes ou de réduction des coûts, cette matrice vous permettra de capturer l'essentiel plus rapidement, tout en vous offrant une vision holistique du processus que vous analysez.

À la fin de ce livre, vous serez capable de créer votre propre matrice et de générer des idées pour optimiser vos processus. Je vous invite à découvrir comment un outil clair et structuré peut transformer votre manière de travailler, vous permettant de maximiser la valeur offerte à vos clients et d'optimiser les ressources de votre entreprise.

Scannez le QR code pour accéder aux tableaux mentionnés dans ce livre et à du contenu supplémentaire gratuit, ou visitez directement www.matricepeza.fr

CHAPITRE 1
QU'EST-CE QU'UN PROCESSUS ET POURQUOI EST-CE IMPORTANT ?

J'avais dit que nous n'aborderions pas de sujets trop techniques, mais il est important de clarifier deux concepts de base : qu'est-ce qu'un processus et qu'est-ce qu'un problème. Cela vous permettra de comprendre pourquoi il est essentiel de cartographier un processus, c'est-à-dire de comprendre comment les choses sont faites.

Un processus est une série d'étapes ou d'activités qui transforment quelque chose, comme des ressources ou des informations, en un produit ou un service qui a de la valeur pour un client ou un utilisateur. Ces activités peuvent impliquer des personnes, des systèmes ou des outils, et elles sont organisées de manière à atteindre les objectifs de l'entreprise de la façon la plus efficace possible.

Par exemple, le processus de se rendre au travail en voiture pourrait être décrit ainsi :
- **Se préparer à partir** : La personne s'habille et prend ce dont elle a besoin pour la journée.
- **Sortir de chez soi** : Elle se dirige vers la voiture.
- **Démarrer la voiture** : Elle s'assure que tout est en ordre, comme le niveau de carburant.
- **Conduire jusqu'au travail** : Elle suit l'itinéraire habituel.
- **Se garer au travail** : Elle arrive et gare la voiture.

- **Sortir de la voiture** : Elle éteint le moteur et prend ses affaires.
- **Entrer sur son lieu de travail** : Elle entre dans le bâtiment et se prépare à commencer la journée.

Comme vous pouvez le constater, nous avons décrit le processus de manière simple. En fonction de l'objectif, vous pouvez le détailler davantage ou le laisser ainsi.

Maintenant, supposons que cette personne s'appelle Sandra, et que son objectif est d'arriver au travail à 9h00. Pourtant, elle arrive presque toujours entre 9h05 et 9h15, ce qui commence à agacer son patron, qui est, lui, toujours à l'heure. Cela signifie que Sandra a, ou aura bientôt, un problème.

La **définition d'un problème**, utilisée dans le contexte de la gestion de la performance, est la suivante :

L'écart entre le résultat attendu et le résultat obtenu.

Dans le cas de Sandra, le problème réside dans ces 5 à 10 minutes de retard, qui représentent la différence entre l'heure à laquelle elle devrait arriver et l'heure à laquelle elle arrive réellement.

Permettez-moi de vous poser une question : **avez-vous une idée claire de l'objectif dans votre entreprise ? Votre équipe le sait-elle ?** Et je ne parle pas uniquement du produit ou du service final. Je fais référence, au minimum, à des aspects comme : **combien devez-vous produire par heure ? Avec quelle qualité et à quel coût ?**

Cela vous paraît évident ? Eh bien, ça ne l'est pas. J'ai rencontré des directeurs qui souhaitent réduire les coûts, alors qu'ils ne sont même pas capables de mesurer la contribution économique de leurs départements. Ils savent combien coûte leur fonctionnement, mais sont incapables de déterminer combien de valeur ils apportent ou combien d'argent ils font économiser à l'entreprise. Si un service est incapable de mesurer ce qu'il apporte à l'entreprise, est-il vraiment nécessaire ? Et si on l'éliminait, quel serait l'impact réel ? Économiser n'est pas la même chose que gagner.

Revenons au problème de Sandra. La solution la plus logique serait de se lever plus tôt, mais si cette option ne convient pas à Sandra, elle devra effectuer une analyse plus détaillée pour comprendre ce qui se passe.

Elle pourrait, par exemple, décomposer davantage les activités et leur attribuer une durée précise.

Par exemple :

- Se lever et se préparer (10 minutes)
- Petit-déjeuner ou préparer une boisson (15 minutes)
- Rassembler ce qu'il faut pour la journée (5 minutes)

- Sortir de chez elle (3 minutes)
- Vérifier et démarrer la voiture (2 minutes)
- Conduire jusqu'au travail (30 minutes)
- Se garer au travail (3 minutes)
- Éteindre le moteur et sortir (2 minutes)
- Marcher jusqu'à l'entrée du lieu de travail (5 minutes)
- Entrer sur le lieu de travail et s'organiser (5 minutes)

Ce processus montre que Sandra met 1 heure et 20 minutes pour arriver au travail, depuis le moment où elle se lève jusqu'à ce qu'elle soit prête à commencer sa journée. Les activités qui consomment le plus de temps sont : conduire jusqu'au travail (30 minutes), petit-déjeuner ou préparer une boisson (15 minutes), et se lever et se préparer (10 minutes). Avec ces informations, Sandra peut se concentrer sur ces trois activités pour trouver des moyens de les réaliser plus rapidement.

Quelles sont les activités clés ?	Combien de temps dure chaque étape ?
Processus	**Temps de Transformation (minutes)**
Se lever et se préparer	10
Prendre un petit-déjeuner ou préparer une boisson	15
Rassembler ce qu'il faut pour la journée	5
Sortir de la maison	3
Vérifier et démarrer la voiture	2
Conduire jusqu'au travail	30
Se garer au travail	3
Éteindre la voiture et descendre	2
Marcher jusqu'à l'entrée du travail	5
Entrer sur le lieu de travail et s'organiser	5
Total	**80**

Tableau 1

Le simple fait de comprendre un processus et de prendre conscience du temps nécessaire à chaque activité donne déjà des idées pour l'améliorer. C'est pourquoi il est si important de cartographier les processus : cela permet de visualiser comment les choses sont faites et de prendre des décisions basées sur des informations réelles, et non sur des suppositions. Lorsqu'on améliore un processus, toute action entreprise vise toujours à réduire l'écart entre ce qui est obtenu et ce qui est souhaité, ou, en d'autres termes, à résoudre le problème.

L'exemple précédent, bien que simple, illustre le potentiel du mapping des processus, car toute activité impliquant de transformer quelque chose pour atteindre un objectif peut être décrite comme un processus et, par conséquent, optimisée, quel que soit la taille ou le secteur de l'entreprise. La seule différence réside dans la complexité et le nombre d'acteurs, de ressources et d'outils impliqués.

Comme l'a dit le célèbre statisticien et spécialiste du management W. Edwards Deming : **« Si vous ne pouvez pas décrire ce que vous faites comme un processus, vous ne savez pas ce que vous faites. »** Cette phrase met en lumière une vérité souvent inconfortable : **ce n'est qu'en voyant clairement toutes les activités et les étapes qui composent un processus que nous pouvons réellement le comprendre et, par conséquent, le gérer et l'améliorer.** Pourtant, aussi surprenant que cela puisse paraître, de nombreux dirigeants se précipitent pour proposer des solutions sans avoir pris le temps nécessaire pour comprendre les processus qu'ils cherchent à corriger. Si ces personnes comprenaient vraiment leurs processus (comme elles le devraient), il n'y aurait pas autant de demandes de services de conseil en amélioration continue, ni autant de problèmes de qualité dans les produits ou les services.

Souvent, les décisions sont prises sur la base de suppositions ou d'intuitions, sans une connaissance détaillée des étapes qui composent le processus ni une vision complète de celui-ci. Cette approche ne conduit pas seulement à des résultats inefficaces, mais peut également perpétuer les problèmes au lieu de les résoudre.

Comprendre un processus en profondeur signifie identifier les étapes clés, les acteurs impliqués, le temps nécessaire pour chaque activité, les ressources et outils requis, ainsi que leurs interactions avec d'autres processus. Ce n'est qu'avec ce niveau de compréhension que nous pouvons repérer les goulots d'étranglement, les gaspillages ou les opportunités d'optimisation, qui, autrement, resteraient invisibles, et anticiper l'impact des améliorations sur les ressources partagées.

J'ai mentionné le terme **goulot d'étranglement**, qui est couramment utilisé dans les entreprises pour décrire une partie d'un processus qui est plus lente que les autres, ralentissant ainsi l'ensemble du flux. On l'appelle ainsi parce que, dans une bouteille, le col est plus étroit que le reste, ce qui fait que le liquide s'écoule plus lentement. Dans les processus, un goulot d'étranglement survient lorsqu'une étape ne parvient pas à suivre le rythme des autres, ce qui entraîne des retards ou des accumulations. Dans l'exemple précédent, le goulot d'étranglement est **« Conduire jusqu'au travail (30 minutes) »**, qui est l'activité à surveiller de près et, si possible, à optimiser pour gagner du temps.

Une entreprise qui standardise (**c'est-à-dire qui veille à ce que les personnes exécutant le processus respectent la séquence, le temps et les stocks définis**) et contrôle ses processus est une entreprise dotée d'une culture d'amélioration continue. La standardisation ne garantit pas seulement que tout le monde suit les mêmes étapes, mais elle permet aussi d'identifier plus facilement les problèmes lorsqu'ils surgissent.

Imaginez que vous alliez pêcher avec un petit filet, mais que vous ne puissiez pas voir les poissons parce que l'eau est trouble. Un enfant a jeté une pierre, soulevant la boue du fond et rendant la visibilité impossible. Pour pouvoir pêcher, vous devez attendre que l'eau redevienne claire. Il en va de même pour les processus non standardisés : lorsque plusieurs personnes exécutent la même tâche de manière différente, il devient difficile de détecter ce qui ne fonctionne pas. Ce n'est que lorsque tout le monde suit la même méthode qu'il devient plus facile de repérer où se situe le problème.

Les besoins et les attentes des clients évoluent constamment, et les entreprises doivent être capables d'ajuster leurs processus rapidement. Un bon processus n'est pas celui qui reste immuable, mais celui qui est flexible et s'adapte aux nouvelles exigences.

Quelle est la capacité de votre entreprise à s'adapter aux changements du marché ? Par exemple, si un concurrent réduit ses prix de 5 %, votre entreprise peut-elle égaler cette offre sans affecter ses résultats ?

Ces questions soulignent l'importance d'avoir des processus clairs et bien définis, car ce n'est qu'avec une vision précise de la manière dont les choses sont faites qu'il est possible de les améliorer. Au cours des dernières décennies, la technologie a transformé la gestion des processus. L'automatisation et l'intelligence artificielle ont permis aux entreprises d'exécuter des tâches complexes avec une plus grande précision et moins d'intervention humaine.

Par exemple, dans le secteur financier, la technologie a automatisé des tâches répétitives comme la réconciliation des comptes ou la vérification des données, réduisant ainsi les erreurs et le temps nécessaire pour les accomplir.

Cependant, la technologie à elle seule ne résout pas tout. Implémenter des outils sans une bonne compréhension du processus peut créer plus de problèmes que de solutions. De nombreuses entreprises échouent dans leurs initiatives de transformation numérique, car elles n'optimisent pas leurs processus avant de les automatiser, ou ne prennent même pas le temps de les comprendre. Au lieu de s'améliorer, elles empirent la situation, car les automatisations sont basées sur une compréhension incomplète ou erronée des processus.

La clé ne réside pas uniquement dans l'adoption de la technologie, mais dans une compréhension approfondie des processus avant de chercher à les améliorer. Comme mentionné précédemment, un « goulot d'étranglement », tel que le temps de conduite dans le cas de Sandra, est un exemple typique d'une étape qui peut ralentir tout le processus. Pour améliorer véritablement, il est essentiel d'identifier et d'optimiser ces points critiques. Ce n'est qu'à cette condition que l'on peut obtenir des résultats durables, en réduisant l'écart entre ce qui est souhaité et ce qui est obtenu.

Les processus sont le moteur de toute organisation. Qu'il s'agisse de la production de biens ou de la prestation de services, les processus déterminent comment les ressources sont utilisées, les délais respectés et la valeur créée pour le client. Un processus bien conçu et en amélioration continue ne se contente pas de stimuler l'efficacité, il permet également aux entreprises de s'adapter aux évolutions du marché et de rester compétitives.

La gestion des processus est à la fois un art et une science. Elle nécessite un équilibre entre la standardisation et la flexibilité, entre l'optimisation interne et le focus sur le client. Et, plus important encore, les processus doivent être compris, visualisés et gérés de manière proactive pour qu'ils puissent remplir leur objectif : créer de la valeur sur le long terme.

CHAPITRE 2
LA MATRICE PEZA

Dans ce chapitre, nous allons plonger dans l'explication de la Matrice des Processus Efficaces avec des Zones Alignées (PEZA). Ce chapitre est conçu pour vous guider, de manière simple et claire, à travers cet outil qui vous aidera à visualiser et à améliorer les processus au sein de votre organisation. Si vous n'avez jamais réalisé un mapping de processus, ne vous inquiétez pas : nous partirons des bases pour que vous compreniez comment utiliser la matrice et comment elle peut permettre à toute l'équipe de travailler de manière plus efficace et alignée.

Qu'est-ce que la matrice PEZA ?

La matrice PEZA est un outil visuel qui vous permet de comprendre, d'organiser et d'améliorer n'importe quel processus dans une organisation. Imaginez-la comme une carte qui montre clairement comment les activités et les ressources circulent, comment les personnes impliquées interagissent et quels outils sont nécessaires pour exécuter le processus. En essence, c'est une façon de visualiser l'ensemble d'un processus, d'identifier les goulots d'étranglement et de trouver des opportunités d'amélioration.

Comme mentionné précédemment, la matrice est composée de blocs modulaires et s'organise autour de 5 aspects principaux : les éléments du processus, les parties prenantes, les outils, les délais et la gestion environnementale.

Analysons les éléments qui composent chacun de ces 5 aspects et, par la suite, je vous expliquerai pourquoi je dis qu'elle est constituée de blocs modulaires.

1. Éléments du processus

Cette partie englobe les fondamentaux du processus : ce qui est fait, ce qui est utilisé et ce qui est obtenu. Il est divisé en deux blocs que nous examinerons plus en détail par la suite.

- **Processus :** Quelle est l'activité principale ou l'ensemble des actions que je dois réaliser pour transformer les entrées (inputs) en sorties (outputs)
- **Ressources :** Quels matériaux ou quelles informations sont nécessaires pour initier et mener à bien ce processus ?
- **Résultats :** Quel est le résultat final de ce processus ? Quels produits, services ou données sont générés ?
- **Bénéfice pour le client :** Quel avantage le résultat apporte-t-il au client ou à l'organisation ? Quel est l'impact attendu ?

2. Parties prenantes

Cette section identifie toutes les personnes ou rôles impliqués dans le processus, qu'il s'agisse des fournisseurs d'intrants ou des bénéficiaires des résultats.

- **Fournisseur :** Qui fournit les entrées nécessaires à ce processus ? D'où proviennent les ressources dont j'ai besoin ?
- **Client :** Qui est le destinataire final des résultats ? Qui bénéficie ou utilise le résultat de ce processus ?

- **Responsable de l'action :** Quelle personne ou quel rôle spécifique est chargé d'exécuter chaque action dans cette étape du processus ?
- **Consulté :** Quelles personnes ou quels rôles doivent être consultés pour obtenir des informations, des approbations ou résoudre des doutes au cours de ce processus ?
- **Informé :** Qui doit être tenu informé de l'avancement, des changements ou des résultats de ce processus, et à quelle fréquence ?
- **Responsable de l'activité :** Qui est globalement responsable de s'assurer que l'activité est correctement exécutée et que les objectifs fixés sont atteints ?

3. Outils

Cet aspect se concentre sur les outils et méthodes utilisés pour recevoir les intrants, transformer le processus et livrer les résultats finaux.

- **Outil d'envoi du fournisseur :** Quels moyens, outils ou méthodes le fournisseur utilise-t-il pour livrer les ressources au processus ?
- **Outil de transformation :** Quels outils, équipements ou systèmes utilise-t-on pour transformer les ressources en résultats ?
- **Outil d'envoi au client :** Quels moyens, systèmes ou outils utilise-t-on pour transmettre les résultats à l'étape suivante ou au client ?
- **Outil de réception du client :** Comment le client reçoit-il les résultats ? Quels outils, systèmes ou méthodes sont utilisés pour cette réception ?

4. Délais

Cette section détaille le temps requis à chaque étape du processus, depuis l'envoi des intrants jusqu'à la réception du résultat final par le client.

- **Temps d'envoi du fournisseur :** Quel est le délai moyen nécessaire pour que les ressources soient envoyées au processus ?
- **Temps de transformation :** Quel est le temps standard requis pour transformer les ressources en résultats ?
- **Temps de réception du client :** Quel est le délai moyen pour que le client reçoive et traite les résultats ?

5. Gestion environnementale

L'objectif ici est de sensibiliser et, pour de nombreuses entreprises déjà régulées, d'intégrer les indicateurs d'empreinte carbone dans la gestion des processus, tout comme elles gèrent d'autres indicateurs clés.

- **Empreinte carbone de l'envoi du fournisseur :** Quelle quantité d'émissions de carbone est générée par l'envoi du fournisseur ?
- **Empreinte carbone de la transformation :** Quelle quantité d'émissions de carbone est générée par l'activité de transformation ?
- **Empreinte carbone de l'envoi au client :** Quelle quantité d'émissions de carbone est générée par l'envoi au client ?

Si vous avez participé à la préparation d'un projet traditionnel ou à une démarche d'amélioration continue, il est possible que les éléments du processus et les acteurs impliqués (points un et deux) vous aient rappelé la matrice SIPOC et/ou la matrice RACI. La matrice PEZA est, en partie, une fusion de ces deux outils, qui sont généralement utilisés séparément. C'est ici qu'intervient la notion de blocs modulaires : vous décidez quels éléments parmi les cinq vous souhaitez analyser ou contrôler.

J'ai créé cette matrice car je considère qu'il est impossible de prendre une décision de transformation d'un processus sans évaluer l'impact qu'elle aura sur l'ensemble de la chaîne. Pour moi, l'élément clé reste le client, la valeur que le produit qu'il achète apporte, ainsi que le processus et les outils nécessaires à sa production. C'est pour cette raison que les matrices SIPOC et RACI ne me suffisent pas, car elles ont été conçues pour fonctionner de manière isolée, contrairement à la matrice PEZA.

Permettez-moi de vous expliquer ces outils au cas où vous ne les connaîtriez pas encore.

Le SIPOC (acronyme en anglais pour *Suppliers, Inputs, Process, Outputs, Customers*) nous aide à comprendre comment fonctionne un processus à un niveau macro : de quoi avons-nous besoin pour produire, qui nous fournit ces éléments, comment les transformer, quel est le résultat, et qui est notre client.

Le RACI, pour sa part (acronyme en anglais pour *Responsible, Accountable, Consulted, Informed*), est une matrice qui sert à clarifier qui est responsable de chaque tâche dans un projet ou un processus. Cela vous est-il déjà arrivé, au sein d'une équipe, de ne pas savoir clairement qui doit faire quoi ? La matrice RACI répond précisément à ce problème : elle garantit que les rôles et responsabilités de chacun sont parfaitement définis, évitant ainsi les malentendus et assurant que les tâches soient réalisées correctement par les bonnes personnes.

Le SIPOC décompose un processus en cinq éléments clés :

- **Fournisseurs** : qui fournit les éléments nécessaires au processus,
- **Entrées** : ce dont on a besoin pour démarrer le processus,
- **Processus** : les activités qui transforment les entrées en résultats,
- **Sorties** : les résultats générés par le processus, et
- **Clients** : qui reçoit le produit ou le service final.

Quant à la matrice RACI, elle divise les tâches d'un projet en quatre types de rôles :

- **Responsable de l'action** : la personne qui exécute la tâche ou l'activité,
- **Responsable de l'activité** : la personne qui répond du résultat final et s'assure que la tâche soit bien effectuée,
- **Consulté** : la personne dont l'avis est sollicité avant de prendre une décision, et
- **Informé** : la personne qui doit être tenue informée de l'avancement ou des résultats.

De nombreux experts en amélioration continue utilisent ces deux outils, car ils facilitent à la fois la compréhension d'un processus et l'attribution claire des responsabilités au sein d'une équipe. Cependant, tous les chefs de projet ne sont pas des experts en amélioration continue, et il arrive souvent que, lorsqu'ils réalisent un RACI, le processus ne soit pas suffisamment clair pour pouvoir assigner correctement les responsabilités. C'est pourquoi, si le processus n'a pas été bien détaillé au préalable, il est nécessaire d'élaborer d'abord un SIPOC avant de passer au RACI.

Voyons un exemple pour comprendre comment le SIPOC et le RACI peuvent être fusionnés dans la matrice PEZA.

Exemple d'utilisation du SIPOC et du RACI fusionnés.

C'est l'heure du déjeuner et Sandra décide d'aller manger à la pizzeria de son amie Ghislaine. En entrant dans la pizzeria, le doux tintement de la clochette l'accueille, tandis que l'arôme chaleureux de la pâte fraîchement cuite l'enveloppe immédiatement. L'endroit est convivial, avec des murs en briques rustiques et une lumière tamisée qui invite à s'attarder. Elle se dirige vers le comptoir, où Ghislaine l'accueille avec un sourire chaleureux et une étreinte rapide, échangeant quelques mots amicaux. Juste après, le serveur s'approche et, avec amabilité, lui demande ce qu'elle souhaite commander. Sans hésiter, elle choisit sa pizza préférée, celle qui ne la déçoit jamais : une délicieuse pizza napolitaine.

Analysons le processus à l'aide de l'outil SIPOC. Le processus commence lorsque le serveur demande à Sandra ce qu'elle souhaite manger et se termine lorsqu'elle termine sa pizza :

Fournisseur	Entrée	Processus	Sortie	Client
Serveur	Menu physique/digital, interaction verbale	Capturer et enregistrer la commande du client	Commande du client capturée et enregistrée	Serveur
Serveur	Commande enregistrée	Communiquer la commande au cuisinier	Commande communiquée au cuisinier	Cuisinier
Cuisinier	Farine, eau, sel, levure fraîche	Mélanger et pétrir la pâte	Pâte prête pour fermentation	Cuisinier
Cuisinier	Pâte fermentée	Diviser et façonner la pâte	Boules de pâte prêtes à être étalées	Cuisinier
Cuisinier	Four à pizza	Préchauffer le four à haute température	Four prêt à cuire	Cuisinier
Cuisinier	Boules de pâte	Étaler la pâte	Pâte étalée, prête pour ajouter des ingrédients	Cuisinier
Cuisinier	Pâte étalée, sauce, mozzarella, basilic frais	Ajouter la sauce et les ingrédients	Pizza crue prête à cuire	Cuisinier
Cuisinier	Pizza crue	Cuire la pizza	Pizza cuite avec pâte croustillante et garniture cuite	Serveur
Serveur	Pizza cuite	Servir la pizza à table	Pizza servie au client	Sandra
Sandra	Pizza servie	Consommer la pizza	Client satisfait	Sandra

Tableau 2

Comme vous pouvez le constater, le processus de production est représenté en onze étapes (normalement, le SIPOC doit être réalisé avec un maximum de sept ou huit étapes, car son objectif est de clarifier les entrées et les sorties du processus) au centre de la matrice. Sur la gauche figure le fournisseur avec les ingrédients, et sur la droite, ce qui est produit ainsi que la personne ou l'entité qui reçoit cette production. La lecture se fait de gauche à droite, ligne par ligne, ce qui permet de suivre le flux de production du début à la fin.

Nous verrons plus tard comment construire le SIPOC en utilisant la matrice PEZA, mais pour l'instant, je souhaite vous montrer comment le même processus peut être représenté avec le RACI.

Processus	R (Responsable de l'action)	A (Responsable de l'activité)	C (Consulté)	I (Informé)
Capturer et enregistrer la commande du client	Serveur	Ghislaine	Sandra	-
Communiquer la commande au cuisinier	Serveur	Ghislaine	-	Cuisinier
Mélanger et pétrir la pâte	Cuisinier	Ghislaine	-	-
Diviser et façonner la pâte	Cuisinier	Ghislaine	-	-
Préchauffer le four à haute température	Cuisinier	Ghislaine	-	-
Étaler la pâte	Cuisinier	Ghislaine	-	-
Ajouter la sauce et les ingrédients	Cuisinier	Ghislaine	-	-
Cuire la pizza	Cuisinier	Ghislaine	-	Serveur
Servir la pizza à table	Serveur	Ghislaine	-	Sandra
Consommer la pizza	Sandra	Ghislaine	-	Sandra

Tableau 3

Comme vous pouvez le voir, à gauche se trouve le processus et à droite les participants à sa réalisation. Il y a des espaces vides, car toutes les étapes ne nécessitent pas de consulter quelqu'un ou d'informer une autre personne ; certaines peuvent être exécutées de manière autonome. Peut-être trouverez-vous curieux que j'aie assigné à Ghislaine la responsabilité de s'assurer que la pizza soit consommée à l'étape finale, tandis que le serveur doit simplement être informé. J'ai décidé cela parce qu'en tant que propriétaire (il n'y a pas de gérant dans sa pizzeria), Ghislaine doit garantir que Sandra profite de son repas en toute tranquillité. Le serveur, quant à lui, est seulement informé lorsque Sandra paie l'addition, une étape qui ne fait pas partie du processus étudié. Ce type de décision doit être pris en collaboration avec les personnes qui exécutent le processus que vous cherchez à représenter. L'essentiel est que l'outil reflète la réalité et qu'au final, tout le monde soit d'accord sur qui fait quoi. Si vous n'êtes pas d'accord avec ma décision, vous pourriez considérer Sandra comme responsable de l'action et du processus, en laissant le champ de la personne à informer vide lorsqu'elle termine de manger.

Il est évident que ces deux outils sont très efficaces pour offrir une vision globale d'un processus, permettant ainsi de communiquer aux participants comment les choses se font tout en clarifiant les responsabilités de chacun ainsi que l'impact de chaque élément sur l'ensemble du processus.

À ce stade, vous pourriez penser : « Cela suffit ; je vais simplement combiner ces deux outils et je n'ai pas besoin de la matrice PEZA. » Vous pourriez avoir raison. J'ai moi-même utilisé ces deux outils et formé l'équipe pour qu'elle les utilise ensemble. En effet, c'est pour cela que je dis que la matrice PEZA est composée de blocs modulaires : vous pouvez prendre les éléments dont vous avez besoin pour représenter vos processus.

Cependant, je me suis rendu compte qu'en construisant le RACI avec le SIPOC, les participants voulaient inclure plus d'informations que ce que ces outils permettaient. Le résultat n'était pas satisfaisant et je terminais les ateliers en devant compléter les données avec d'autres outils plus détaillés, comme le mapping de la chaîne de valeur (VSM, pour Value Stream Mapping). Cela interrompait le rythme de travail et laissait les participants quelque peu frustrés.

Bien que le VSM soit un outil très puissant, la réalité est que, dans une entreprise sans culture d'amélioration continue, les dirigeants ne feront pas l'effort de le comprendre, car il est rempli de symboles et demande du temps pour expliquer tous ses éléments. C'est pour cette raison que j'ai développé la matrice PEZA : un outil qui offre une vision complète d'un processus dans un format unique et qui, si nécessaire, peut servir de base à d'autres outils demandant beaucoup plus de détails (comme le VSM ou le MIFA). Ainsi, cette matrice devient un moyen efficace de communication pour ceux qui ont besoin d'une compréhension rapide du processus sans disposer d'une expertise technique approfondie.

Dans le tableau 4, vous pouvez voir le résultat de la fusion du SIPOC et du RACI.

Je tiens à préciser que mon intention n'est pas de remplacer un diagramme en bandes ou un VSM par la matrice PEZA dans l'analyse approfondie d'un processus. Dans les projets de résolution de problèmes, j'utilise cette matrice pour identifier où appliquer un diagramme en bandes et détailler l'activité où se trouve le problème, ou comme première étape avant de réaliser un VSM si l'objectif est de redessiner tout le processus de production. Cependant, lorsque l'entreprise ne maîtrise pas ses processus ou ses chaînes d'approvisionnement, la matrice PEZA est suffisante pour mettre en évidence toutes les opportunités d'amélioration.

Pour expliquer comment construire la matrice, je vais continuer avec l'exemple de la pizzeria. Il est important de noter que mon objectif est de vous faire comprendre la matrice ; c'est pourquoi j'ai décidé de me concentrer uniquement sur les étapes de préparation de la pizza et non sur le service complet lorsqu'un client vient manger au restaurant. Vous remarquerez également que j'ai inclus l'étape de préparation de la pâte, qui ne se fait pas lorsque le client commande une pizza, mais qui est réalisée en amont.

Matrice PEZA

Fournisseur	Entrée	Processus	Sortie	Client	Responsable de l'Action	Responsable du Processus	Consulté	Informé
Serveur	Menu physique/digital, interaction verbale	Capturer et enregistrer la commande du client	Commande du client capturée et enregistrée	Serveur	Serveur	Ghislaine	Sandra	-
Serveur	Commande enregistrée	Communiquer la commande au cuisinier	Commande communiquée au cuisinier	Cuisinier	Serveur	Ghislaine	-	Cuisinier
Cuisinier	Farine, eau, sel, levure fraîche	Mélanger et pétrir la pâte	Pâte prête pour fermentation	Cuisinier	Cuisinier	Ghislaine	-	-
Cuisinier	Pâte fermentée	Diviser et façonner la pâte	Boules de pâte prêtes à être étalées	Cuisinier	Cuisinier	Ghislaine	-	-
Cuisinier	Four à pizza	Préchauffer le four à haute température	Four prêt à cuire	Cuisinier	Cuisinier	Ghislaine	-	-
Cuisinier	Boules de pâte	Étaler la pâte	Pâte étalée, prête pour ajouter des ingrédients	Cuisinier	Cuisinier	Ghislaine	-	-
Cuisinier	Pâte étalée, sauce, mozzarella, basilic frais	Ajouter la sauce et les ingrédients	Pizza crue prête à cuire	Cuisinier	Cuisinier	Ghislaine	-	-
Cuisinier	Pizza crue	Cuire la pizza	Pizza cuite avec pâte croustillante et garniture cuite	Serveur	Cuisinier	Ghislaine	-	Serveur
Serveur	Pizza cuite	Servir la pizza à table	Pizza servie au client	Sandra	Serveur	Ghislaine	-	Sandra
Sandra	Pizza servie	Consommer la pizza	Client satisfait	Sandra	Sandra	Ghislaine	-	Serveur

Tableau 4

Construction de la matrice PEZA

Bloc 1 : Présentation

Vous avez déjà vu plusieurs éléments qui composent la matrice PEZA sous la forme des outils SIPOC et RACI. Passons maintenant aux autres éléments et blocs qui la constituent.

Comme pour tout outil, il est nécessaire d'expliquer de quoi il s'agit, afin que toute personne intéressée par le processus puisse le comprendre immédiatement. Pour cela, et pour réaliser un bon mapping, il est important de bien se préparer. Le premier bloc s'appelle « présentation » et il a trois objectifs :

1. Comprendre de quel processus et produit il est question,
2. Expliquer l'avantage ou le bénéfice que ce processus génère pour le client mentionné dans la matrice, et
3. Vous permettre de vous préparer avant de procéder au mapping.

Avant d'observer le processus sur le terrain ou de réaliser un atelier de mapping avec les personnes qui l'exécutent, il est important d'avoir expliqué la raison pour laquelle ce mapping sera effectué. Cela signifie qu'il faut avoir défini clairement le problème ou l'opportunité d'amélioration du processus actuel, ainsi que les objectifs, le périmètre, les membres de l'équipe, entre autres aspects.

Étant donné que cet outil peut ou non faire partie d'un projet, je considère qu'il n'est pas indispensable d'inclure toutes ces informations. Cependant, il est nécessaire d'ajouter les éléments suivants, car ils permettent de clarifier les limites du processus étudié, en excluant les activités réalisées avant ou après le processus, qui, pour le moment, ne nous intéressent pas. Cela est particulièrement important dans les entreprises avec une culture organisationnelle faible, où un projet est souvent perçu comme une solution à tous les problèmes de l'entreprise.

Le bloc présentation est composé de quatre éléments :

- **Nom du processus :** Reflète l'objectif et le type d'actions impliquées dans le processus étudié. Quel est le nom du processus et quels sont son objectif et les actions qu'il implique ?
- **Périmètre du processus :** Se réfère aux limites du processus étudié, c'est-à-dire où il commence et où il se termine. Quelles sont les limites du processus à étudier ? Où commence-t-il et où s'arrête-t-il ?
- **Produit ou service :** Il s'agit du résultat final tangible (produit) ou intangible (service) livré à un client ou utilisateur en conséquence du processus, dans le périmètre défini. Quel est le résultat final du processus ? Est-ce un produit tangible ou un service intangible livré au client ?
- **Client :** Il s'agit de la personne, de l'entité ou de la partie prenante qui reçoit et bénéficie du produit ou service généré par le processus. Ce peut être un client interne, selon le périmètre défini. Qui est la personne, l'entité ou la partie prenante qui reçoit et bénéficie du produit ou service généré par le processus ?
- **Bénéfice pour le client :** Il s'agit du bénéfice ou de la satisfaction que le client final obtient en recevant le produit ou service. Cela reflète la réponse à ses attentes, l'utilité perçue et la solution apportée à un problème ou besoin. Quel bénéfice ou satisfaction le client obtient-il en recevant le produit ou service, et en

quoi cela reflète-t-il le respect de ses attentes ou la solution à son problème ?

Ce sont, selon moi, les éléments essentiels ; à vous d'ajouter d'autres informations si vous le jugez nécessaire. Ces données se placent en haut de la matrice et constituent la première partie lue une fois le mapping du processus terminé.

Voici à quoi ressemblerait le bloc présentation pour le mapping du processus de la pizza napolitaine :

Nom du processus	Préparation et Service de Pizza Napolitaine
Périmètre du processus	Depuis la prise de commande par le serveur jusqu'à la consommation par le client.
Produit ou service	Pizza napolitaine préparée selon la recette traditionnelle et servie au client à table.
Client final	Le client du restaurant qui commande et consomme la pizza napolitaine.
Bénéfice pour le client	Profiter d'une pizza napolitaine de haute qualité, avec des ingrédients frais et une saveur authentique, servie rapidement et avec une excellente attention.

Tableau 5

Dans le cas de la pizzeria, nous n'analysons pas le processus de préparation de la sauce tomate ni celui du paiement, pas plus que nous ne prenons en compte si Sandra a décidé de prendre une boisson, un dessert, etc., même si ces options auraient pu être incluses. Dans ce bloc, nous définissons clairement que l'accent est exclusivement mis sur le processus de la pizza napolitaine. L'élément le plus important de ce bloc est de définir le « bénéfice » que le produit final apporte au client et de communiquer que nous nous concentrons uniquement sur un aspect spécifique à améliorer. Cela est valable pour cet exercice explicatif ; cependant, vous pouvez décider de représenter l'intégralité du processus, ce qui est tout à fait acceptable. L'essentiel dans ce bloc est de communiquer ce qui sera représenté et, surtout, quel est le bénéfice que le client retire du résultat du processus.

Décrire le bénéfice pour le client vous aidera à aller au-delà de la simple offre d'un produit ou d'un service ; cela vous permettra de considérer les aspects souvent négligés qui font la différence entre une entreprise ayant des clients et une autre qui n'en a pas. De plus, cela peut générer des idées de différenciation et d'innovation pour créer de nouveaux produits, car vous pourriez découvrir que vous avez la capacité de les développer avec les ressources actuelles dont vous disposez.

Bloc 2 : Transformation

Le deuxième bloc est celui de la « transformation », qui constitue la base du mapping dans la matrice PEZA. Il est composé du processus, des ressources nécessaires au processus et des résultats de ce processus. Nous avons déjà vu le SIPOC, et ici c'est la même chose, mais sans les fournisseurs ni les clients. Une autre différence réside dans le fait que les termes « entrée » et « sortie » ont été remplacés par « ressource » et « résultat ». Ces termes sont plus simples à comprendre et à adopter pour les participants aux ateliers de construction de la matrice. L'objectif est de vous permettre de comprendre comment l'outil est construit afin que vous puissiez l'utiliser à la fin de la lecture de ce livre.

Dans le bloc de préparation, nous avons défini le périmètre du processus et le client. Cela est essentiel, car cela nous permettra de commencer à identifier les activités du processus. Comme mentionné précédemment, l'objectif de la matrice PEZA est de vous aider à communiquer et à visualiser le processus depuis une perspective stratégique. Il ne s'agit pas de rentrer dans les détails, mais d'inclure uniquement les activités qui entraînent une transformation significative du produit ou du service. Je vous propose de continuer avec l'exemple de la pizzeria pour expliquer la matrice, car mon objectif est de vous faire comprendre son fonctionnement. Si vous parvenez à le comprendre avec l'exemple de la pizzeria, vous serez en mesure de l'appliquer à n'importe quel type d'industrie.

Cet exercice se réalise de la manière suivante :

En supposant que vous observez sur le terrain comment le processus est réalisé ou que vous organisez un atelier avec les personnes qui vont le décrire, la première chose à faire est d'identifier la première activité du processus (capturer et enregistrer la commande du client) et la dernière (consommer la pizza). Une fois cela validé, vous continuerez avec l'étape suivante (transmettre la commande au cuisinier), puis ainsi de suite jusqu'à la dernière étape définie.

Voici les étapes du processus de la pizza napolitaine :

Ressource	Processus	Résultat
	Capturer et enregistrer la commande du client	
	Communiquer la commande au cuisinier	
	Mélanger et pétrir la pâte	
	Diviser et façonner la pâte	
	Préchauffer le four à haute température	
	Étaler la pâte	
	Ajouter la sauce et les ingrédients	
	Cuire la pizza	
	Servir la pizza à table	
	Consommer la pizza	

Tableau 6

Comme vous pouvez le voir, même si vous n'êtes pas restaurateur, vous pouvez comprendre le processus.

Maintenant que nous avons défini les activités clés, nous allons identifier les ressources nécessaires pour chaque activité ainsi que leurs résultats.

En prenant en compte la première activité, la question à se poser est : **qu'est-ce qu'il faut pour que, dans cet exemple, le serveur puisse capturer et enregistrer la commande du client ?** La réponse serait : un menu (physique ou numérique) et une interaction verbale. Ces éléments doivent être inscrits dans la colonne des ressources, à gauche. Cela peut vous sembler logique dans cet exemple, mais peut-être que ce ne sera pas aussi évident pour le processus de votre entreprise. C'est pourquoi il est essentiel de réfléchir à **toutes** les ressources nécessaires pour que l'activité de transformation puisse être réalisée.

Une fois que vous avez identifié la ressource, vous devez vous poser la question suivante : **quel est le résultat de l'activité de transformation ?** Inscrivez ce ou ces résultats à droite, dans la colonne des résultats. Il est important d'inclure tout ce qui est généré lors de l'activité de transformation. Par exemple, si le processus que vous décrivez produit plusieurs indicateurs et qu'un seul vous intéresse, vous devez tout de même lister les autres. Cela est indispensable, car, plus tard, vous associerez les « clients » de cette activité. Et dans de nombreux cas, il existe des clients indirects qui bénéficient de ces informations. Les identifier est important, car, si vous décidez d'obtenir l'indicateur d'une autre manière et que vous éliminez cette étape, vous pourriez causer de graves problèmes à votre entreprise.

Il est important de procéder ainsi, car le résultat d'une activité devient la ressource de la suivante, en complément d'autres intrants. Cela donne de la fluidité à l'exercice et apporte une logique pour les participants. De plus, c'est une manière de valider que le mapping est correctement réalisé et qu'aucun élément n'a été oublié.

Ressource	Processus	Résultat
Menu physique/digital, interaction verbale	**Capturer et enregistrer la commande du client**	Commande du client capturée et enregistrée
	Communiquer la commande au cuisinier	
	Mélanger et pétrir la pâte	
	Diviser et façonner la pâte	
	Préchauffer le four à haute température	
	Étaler la pâte	
	Ajouter la sauce et les ingrédients	
	Cuire la pizza	
	Servir la pizza à table	
	Consommer la pizza	

Tableau 7

Une fois, j'ai été témoin du remplacement d'une application informatique par une autre plus performante. Les responsables du projet n'avaient pas mené une étude adéquate et, en effectuant ce changement, ils ont interrompu la production d'un département qui dépendait de cette application pour calculer les pertes et les bénéfices. D'autres applications étaient connectées à celle-ci et effectuaient des calculs automatiques que les analystes utilisaient pour déterminer si de l'argent avait été gagné ou perdu la veille. Pendant un mois, les employés ont dû effectuer ces calculs manuellement, ce qui a rallongé les délais de production, entraîné des heures supplémentaires et, inévitablement, des problèmes de qualité.

Pour revenir à l'exemple, une fois l'exercice terminé, vous pouvez voir dans le tableau 8 à quoi ressemble notre processus avec ses ressources et ses résultats.

Ressource	Processus	Résultat
Menu physique/digital, interaction verbale	**Capturer et enregistrer la commande du client**	Commande du client capturée et enregistrée
Commande enregistrée	Communiquer la commande au cuisinier	Commande communiquée au cuisinier
Farine, eau, sel, levure fraîche	Mélanger et pétrir la pâte	Pâte prête pour fermentation
Pâte fermentée	Diviser et façonner la pâte	Boules de pâte prêtes à être étalées
Four à pizza	Préchauffer le four à haute température	Four prêt à cuire
Boules de pâte	Étaler la pâte	Pâte étalée, prête pour ajouter des ingrédients
Pâte étalée, sauce, mozzarella, basilic frais	Ajouter la sauce et les ingrédients	Pizza crue prête à cuire
Pizza crue	Cuire la pizza	Pizza cuite avec pâte croustillante et garniture cuite
Pizza cuite	Servir la pizza à table	Pizza servie au client
Pizza servie	**Consommer la pizza**	Client satisfait

Tableau 8

En résumé, voici comment construire le bloc 2 :

- Identifier la première et la dernière activité du processus afin de délimiter clairement le début et la fin.
- Définir les ressources et les résultats pour chaque activité de transformation en se posant les questions suivantes : qu'est-ce qui est nécessaire pour que l'activité soit réalisée ? Quel est le résultat de cette activité ?
- Assurer la continuité du processus en vérifiant que le résultat d'une activité devient l'intrant de la suivante, de manière à maintenir un flux logique.

Bloc 3 : Parties prenantes

Nous avons maintenant le cœur de notre matrice : le client, le bénéfice, les étapes du processus, ce qui est transformé et son résultat. Il est désormais temps d'aligner les participants à chaque étape. Comme mentionné précédemment, c'est à vous de décider ce que vous souhaitez représenter en fonction de votre objectif : standardiser les activités, identifier un problème ou créer un nouveau processus. Vous pouvez choisir de représenter tous les participants ou seulement certains. Les éléments de ce bloc sont les suivants :

- **Fournisseur :** La personne ou l'entité qui fournit les matériaux, informations ou ressources nécessaires pour réaliser le processus. De qui proviennent les matériaux ou informations nécessaires pour effectuer cette activité ?
- **Responsable de l'action :** La personne qui réalise l'activité spécifique au sein du processus. Qui est chargé d'exécuter cette tâche spécifique dans le processus ?
- **Responsable de l'activité :** La personne responsable de s'assurer que l'activité est menée à bien. Qui est responsable de garantir que cette tâche soit accomplie correctement et qui peut intervenir en cas de problème ?
- **Consulté :** La personne ou le groupe à consulter pour obtenir des informations ou un avis avant d'exécuter l'activité. Qui doit être consulté pour obtenir des informations ou une approbation avant de réaliser cette activité ?
- **Informé :** La personne qui doit être avertie une fois l'activité terminée, afin d'être informée de son avancement. Qui doit être informé de l'état ou de la finalisation de cette activité ?

- **Client final ou interne :** La personne ou l'entité (interne ou externe à l'organisation) qui reçoit le résultat du processus et en bénéficie directement. Qui est le destinataire des résultats de cette activité et qui en tire directement profit ?

Comme vous l'aurez remarqué, j'utilise le terme « partie prenante » parce qu'il peut s'agir d'un service, d'un poste de travail (pas de noms individuels), d'une entreprise externe, etc. Pour une activité donnée, il peut y avoir plusieurs parties prenantes du même type, sauf pour le rôle de **responsable de l'activité**, qui doit être unique. C'est à ce niveau qu'il faut être très précis, car en cas de problème dans le processus, on perd souvent plus de temps à chercher qui doit prendre une décision qu'à résoudre le problème lui-même.

Pour commencer, je vous recommande le même exercice que pour les ressources et les résultats. Commençons par le « fournisseur » sur le côté gauche du tableau, à côté de la colonne « ressources ». La question à poser est : qui fournit les intrants pour cette activité ? Dans le cas de l'exemple de la pizza, c'est le serveur.

Il est possible que vous deviez indiquer plusieurs fournisseurs, car les intrants sont variés et il est nécessaire de spécifier les différents fournisseurs. Dans votre entreprise, cela peut inclure différents services ou un mélange de services et d'entreprises externes.

Pour la même activité, la question suivante est : qui est ou qui sont les responsables de réaliser l'activité ou de transformer les ressources ? La réponse va dans la colonne « responsable de l'action », dans ce cas, c'est aussi le Serveur.

Pour la colonne suivante, demandez-vous : qui doit être consulté pour que l'activité puisse être réalisée ? Il est important de préciser que beaucoup de personnes confondent cette question et ont tendance à inclure le chef ou un autre niveau hiérarchique, pensant qu'ils doivent donner leur accord pour que l'activité soit effectuée. Cette partie prenante doit figurer dans la colonne « consulté ».

Dans la colonne suivante, il est nécessaire d'identifier s'il y a une partie prenante, interne ou externe au périmètre, qui doit être informé. Bien que nous ayons déjà défini un périmètre, ici nous faisons référence au résultat à l'intérieur de ces limites. Il est important de savoir qui doit être informé que l'activité a été réalisée. Cela nous aidera à comprendre l'impact de l'activité sur d'autres processus de l'entreprise. Cette ou ces parties prenantes sont inscrites dans la colonne « informé »

Nous savons maintenant qui réalise l'activité, qui consulter et qui informer. Nous devons à présent identifier qui est responsable de la réalisation de l'activité. Je ne parle pas d'un contremaître qui met la pression sur le travailleur, mais de la personne qui, en cas de problème, peut intervenir pour garantir que l'activité soit menée à bien. Cette partie prenante est inscrite dans la colonne « responsable de l'activité ».

Enfin, nous devons indiquer qui sont les bénéficiaires des résultats de cette activité. Nous connaissons déjà le client final de notre mapping, défini dans le bloc de « présentation », mais nous n'avons pas encore identifié tous les clients intermédiaires. C'est pourquoi, pour chaque activité du processus que nous représentons, vous devez vous assurer de refléter tous les clients, qu'ils soient directs ou indirects. Ces informations doivent être inscrites dans la colonne « client ».

Ce flux de questions, de gauche à droite, doit être appliqué à chacune des activités jusqu'à ce que toutes les parties prenantes soient identifiées.

Dans le tableau 9, vous pouvez observer la matrice avec le processus et les parties prenantes :

Fournisseur	Processus	Responsable de l'action	Consulté	Informé	Responsable de l'activité	Client
Serveur	Capturer et enregistrer la commande du client	Serveur	Sandra	-	Ghislaine	Serveur
Serveur	Communiquer la commande au cuisinier	Serveur	-	Cuisinier	Ghislaine	Cuisinier
Cuisinier	Mélanger et pétrir la pâte	Cuisinier	-	-	Ghislaine	Cuisinier
Cuisinier	Diviser et façonner la pâte	Cuisinier	-	-	Ghislaine	Cuisinier
Cuisinier	Préchauffer le four à haute température	Cuisinier	-	-	Ghislaine	Cuisinier
Cuisinier	Étaler la pâte	Cuisinier	-	-	Ghislaine	Cuisinier
Cuisinier	Ajouter la sauce et les ingrédients	Cuisinier	-	-	Ghislaine	Cuisinier
Cuisinier	Cuire la pizza	Cuisinier	-	Serveur	Ghislaine	Serveur
Serveur	Servir la pizza à table	Serveur	-	Sandra	Ghislaine	Sandra
Sandra	Consommer la pizza	Sandra	-	Serveur	Ghislaine	Sandra

Tableau 9

J'imagine qu'à ce stade, vous avez déjà compris comment compléter la matrice PEZA. L'innovation de cet outil réside dans l'intégration de l'élément « bénéfice pour le client » et dans la fusion des outils SIPOC et RACI. Ce qui apporte réellement de la valeur et m'a aidé à gagner du temps dans le mapping des processus, ce sont les blocs que nous verrons ci-après.

Dans le tableau 10, vous pouvez observer la matrice PEZA avec les trois blocs réunis.

Nom du processus	Préparation et Service de Pizza Napolitaine
Périmètre du processus	Depuis la prise de commande par le serveur jusqu'à la consommation par le client.
Produit ou service	Pizza napolitaine préparée selon la recette traditionnelle et servie au client à table.
Client final	Le client du restaurant qui commande et consomme la pizza napolitaine.
Bénéfice pour le client	Profiter d'une pizza napolitaine de haute qualité, avec des ingrédients frais et une saveur authentique, servie rapidement et avec une excellente attention.

Ressource	Fournisseur	Processus	Responsable de l'action	Consulté	Informé	Responsable de l'activité	Résultat	Client
Menu physique/digital, interaction verbale	Serveur	Capturer et enregistrer la commande du client	Serveur	Sandra	-	Ghislaine	Commande du client capturée et enregistrée	Serveur
Commande enregistrée	Serveur	Communiquer la commande au cuisinier	Serveur	-	Cuisinier	Ghislaine	Commande communiquée au cuisinier	Cuisinier
Farine, eau, sel, levure fraîche	Cuisinier	Mélanger et pétrir la pâte	Cuisinier	-	-	Ghislaine	Pâte prête pour fermentation	Cuisinier
Pâte fermentée	Cuisinier	Diviser et façonner la pâte	Cuisinier	-	-	Ghislaine	Boules de pâte prêtes à être étalées	Cuisinier
Four à pizza	Cuisinier	Préchauffer le four à haute température	Cuisinier	-	-	Ghislaine	Four prêt à cuire	Cuisinier
Boules de pâte	Cuisinier	Étaler la pâte	Cuisinier	-	-	Ghislaine	Pâte étalée, prête pour ajouter des ingrédients	Cuisinier
Pâte étalée, sauce, mozzarella, basilic frais	Cuisinier	Ajouter la sauce et les ingrédients	Cuisinier	-	-	Ghislaine	Pizza crue prête à cuire	Cuisinier
Pizza crue	Cuisinier	Cuire la pizza	Cuisinier	-	Serveur	Ghislaine	Pizza cuite avec pâte croustillante et garniture cuite	Serveur
Pizza cuite	Serveur	Servir la pizza à table	Serveur	-	Sandra	Ghislaine	Pizza servie au client	Sandra
Pizza servie	Sandra	Consommer la pizza	Sandra	-	Serveur	Ghislaine	Client satisfait	Sandra

Tableau 10

Bloc 4 : Outils

Pendant que je vous expliquais comment identifier le fournisseur et le responsable de la réalisation d'une activité, vous avez peut-être pensé : « Mais si c'est une machine, que dois-je faire ? Que dois-je indiquer ? » Eh bien, c'est précisément le problème auquel j'ai été confronté à plusieurs reprises. C'est aussi l'une des raisons pour lesquelles j'ai innové les outils précédents, qui ne sont pas toujours assez robustes. Ajouter les outils permet de savoir avec quoi les choses sont faites, d'où elles viennent et où elles vont, tout en attribuant toujours la responsabilité du service ou du poste chargé de faire fonctionner l'outil.

Ce bloc est constitué de quatre colonnes :

- **Outil d'envoi du fournisseur :** Le moyen ou le système qu'utilise le fournisseur pour livrer les intrants au processus (par exemple, transport, courrier électronique ou plateformes numériques).
- **Outil de transformation :** L'équipement, le logiciel ou la technique utilisée pour réaliser l'activité qui transforme les intrants en un produit ou un résultat.
- **Outil d'envoi au client :** Le moyen ou le système utilisé pour livrer le produit ou le résultat au client (par exemple, logistique de transport, courrier électronique, etc.).
- **Outil de réception du client :** Le moyen ou le système qu'utilise le client pour recevoir le produit ou le résultat final (par exemple, plateformes numériques, systèmes de gestion ou réception physique).

Comme pour les autres blocs, celui-ci est construit à partir de chaque élément lié à chaque activité. Voici quelques exemples de questions pour chaque type d'outil :

- **Outil d'envoi du fournisseur :** Quel système le fournisseur utilise-t-il pour livrer les intrants au processus ? Quel moyen le fournisseur emploie-t-il pour envoyer les intrants ? Quel outil le fournisseur utilise-t-il pour garantir la livraison des intrants ?
- **Outil de transformation :** Quel équipement est employé pour transformer l'intrant en produit ? Quel logiciel ou quelle technique est utilisée pour convertir les intrants en résultats ? Quel outil permet de transformer l'intrant en produit final ?
- **Outil d'envoi au client :** Quel moyen est utilisé pour livrer le produit au client ? Quel système est employé pour garantir la livraison du résultat au client ? Quel outil est utilisé pour envoyer le produit ou le résultat au client ?
- **Outil de réception du client :** Quel moyen le client utilise-t-il pour recevoir le produit final ? Quel outil le client emploie-t-il pour la réception du résultat ? Quel système le client utilise-t-il pour recevoir le produit ou le résultat final ?

Il existe deux cas particuliers auxquels il faut prêter une attention particulière. Le premier concerne la situation où l'étape D procède à l'assemblage des étapes A, B et C. Dans ce cas, il est nécessaire de considérer comme outils du fournisseur les outils des trois étapes concernées.

Le second cas se présente lorsqu'une application doit récupérer des informations provenant d'une autre application qui alimente plusieurs autres systèmes. Dans cette situation, il est important d'inclure les deux applications, même si la première se trouve en dehors du périmètre. Cela permet d'offrir une vision complète de tous les éléments impliqués dans la réalisation de l'activité.

Matrice PEZA

Nom du processus	Préparation et Service de Pizza Napolitaine
Périmètre du processus	Depuis la prise de commande par le serveur jusqu'à la consommation par le client.
Produit ou service	Pizza napolitaine préparée selon la recette traditionnelle et servie au client à table.
Client final	Le client du restaurant qui commande et consomme la pizza napolitaine.
Bénéfice pour le client	Profiter d'une pizza napolitaine de haute qualité, avec des ingrédients frais et une saveur authentique, servie rapidement et avec une excellente attention.

Ressource	Fournisseur	Outil d'envoi du fournisseur	Processus	Outil de transformation	Responsable de l'action	Consulté	Informé	Responsable de l'activité	Résultat	Client	Outil d'envoi au client	Outil de réception du client
Menu physique/digital, interaction verbale	Serveur	Communication verbale	Capturer et enregistrer la commande du client	Communication verbale et digitale/manuelle	Serveur	Sandra	-	Ghislaine	Commande du client capturée et enregistrée	Serveur	Communication digitale/interne	Système ou registre manuel
Commande enregistrée	Serveur	Communication interne	Communiquer la commande au cuisinier	Communication interne verbale ou digitale	Serveur	-	Cuisinier	Ghislaine	Commande communiquée au cuisinier	Cuisinier	Écran interne	Visualisation interne
Farine, eau, sel, levure fraîche	Cuisinier	Chariot de transport	Mélanger et pétrir la pâte	Mélangeur automatique	Cuisinier	-	-	Ghislaine	Pâte prête pour fermentation	Cuisinier	Transport manuel	Conteneur de fermentation
Pâte fermentée	Cuisinier	Plateau de transport	Diviser et façonner la pâte	Couteau et travail manuel	Cuisinier	-	-	Ghislaine	Boules de pâte prêtes à être étalées	Cuisinier	Plateau de transport	Surface de travail
Four à pizza	Cuisinier	Indicateur numérique de température	Préchauffer le four à haute température	Contrôleur automatique de température	Cuisinier	-	-	Ghislaine	Four prêt à cuire	Cuisinier	Moniteur de température	Visualisation de température
Boules de pâte	Cuisinier	Transport manuel	Étaler la pâte	Laminoir	Cuisinier	-	-	Ghislaine	Pâte étalée, prête pour ajouter des ingrédients	Cuisinier	Transport manuel	Surface de travail
Pâte étalée, sauce, mozzarella, basilic frais	Cuisinier	Chariot d'ingrédients	Ajouter la sauce et les ingrédients	Distributeurs automatiques de sauce et de fromage	Cuisinier	-	-	Ghislaine	Pizza crue prête à cuire	Cuisinier	Transport manuel	Zone de préparation
Pizza crue	Cuisinier	Pelle à pizza	Cuire la pizza	Four à bois avec contrôle automatique	Cuisinier	-	Serveur	Ghislaine	Pizza cuite avec pâte croustillante et garniture cuite	Serveur	Pelle à pizza	Assiette pour pizza
Pizza cuite	Serveur	Assiette pour pizza	Servir la pizza à table	Assiette pour pizza	Serveur	-	Sandra	Ghislaine	Pizza servie au client	Sandra	Assiette pour pizza	Table du client
Pizza servie	Sandra	-	Consommer la pizza	Couverts	Sandra	-	Serveur	Ghislaine	Client satisfait	Sandra	-	-

Tableau 11

Dans le tableau 11, vous trouverez le processus actualisé de la pizza accompagné des outils utilisés.

À ce stade, certains chefs de projet pourraient se sentir satisfaits, car ils ont réussi à obtenir une vision claire du processus qu'ils souhaitent améliorer ou maîtriser. Ils ont défini le périmètre de l'intervention, compris le processus, identifié les membres de l'équipe et les parties prenantes. Cependant, pour un expert en amélioration continue, un consultant ou un directeur des opérations, cela ne suffit pas. En plus de connaître, organiser et communiquer le processus, il est nécessaire de le contrôler et de l'optimiser.

Bloc 5 : Les Temps

Une manière de rendre un processus « parlant » est de s'appuyer sur les temps. Il existe une multitude d'indicateurs que l'on peut générer en mesurant le temps. Dans la matrice PEZA, nous allons examiner trois indicateurs que je considère comme le minimum indispensable :

- **Temps de livraison du fournisseur** : Le temps nécessaire au fournisseur pour livrer les matières premières ou les intrants nécessaires au processus.
- **Temps de transformation** : La durée requise pour effectuer l'activité qui transforme les intrants en un produit ou un résultat.
- **Temps de livraison au client** : Le temps nécessaire pour acheminer le produit ou résultat final au client.

Comme pour toute matrice, vous pouvez ajouter ou supprimer des éléments en fonction de vos besoins ou de la facilité d'accès aux informations.

Ce que je vous recommande, c'est d'utiliser des temps moyens, car cette notion est comprise par tout le monde. Si vous utilisez la matrice pour concevoir un nouveau processus ou pour définir des objectifs dans un processus existant, vous pouvez indiquer le temps standard ou le temps maximum autorisé, selon le sujet traité et la tolérance admissible.

En reprenant l'exemple de la pizzeria, vous pouvez observer le processus à travers les blocs 2 et 5 dans le tableau 12.

Ressource	Temps d'Envoi Fournisseur (secondes)	Processus	Temps de Transformation (secondes)	Résultat	Client	Temps de Réception (secondes)
Menu physique/digital, interaction verbale	5	Capturer et enregistrer la commande du client	60	Commande du client capturée et enregistrée	Serveur	-
Commande enregistrée	-	Communiquer la commande au cuisinier	3	Commande communiquée au cuisinier	Cuisinier	3
Farine, eau, sel, levure fraîche	360	Mélanger et pétrir la pâte	900	Pâte prête pour fermentation	Cuisinier	-
Pâte fermentée	-	Diviser et façonner la pâte	300	Boules de pâte prêtes à être étalées	Cuisinier	-
Four à pizza	2	Préchauffer le four à haute température	900	Four prêt à cuire	Cuisinier	900
Boules de pâte	1	Étaler la pâte	240	Pâte étalée, prête pour ajouter des ingrédients	Cuisinier	1
Pâte étalée, sauce, mozzarella, basilic frais	1	Ajouter la sauce et les ingrédients	30	Pizza crue prête à cuire	Cuisinier	-
Pizza crue	1	Cuire la pizza	600	Pizza cuite avec pâte croustillante et garniture cuite	Serveur	5
Pizza cuite	5	Servir la pizza à table	1	Pizza servie au client	Sandra	-
Pizza servie	-	Consommer la pizza	1200	Client satisfait	Sandra	-

Tableau 12

Comme vous pouvez le constater, et comme nous l'avons discuté dans le premier exemple avec le trajet de Sandra, refléter les temps permet d'identifier les activités les plus chronophages, ce qui facilite la recherche de solutions pour les réduire. Si l'objectif est de produire des pizzas plus rapidement que la concurrence ou de faire en sorte que le client reçoive son repas plus vite — et ainsi libérer la table pour accueillir d'autres clients — cette approche est essentielle.

Vous remarquerez également que de nombreuses étapes durent une seconde seulement ; cela s'explique par le fait que le cuisinier travaille dans une zone où tout est à portée de main.

Il est important de noter que le temps de livraison au client n'inclut pas le temps de transformation ; l'objectif est uniquement de refléter le temps nécessaire pour acheminer le produit une fois qu'il est prêt à être livré.

En outre, certaines activités se déroulent avant la réception de la commande de pizza, comme la préparation de la pâte ou la mise à disposition des ingrédients. Ces durées ne sont donc pas cumulables. Il vous appartient de décider quels aspects refléter et comment utiliser la matrice.

La matrice peut également vous aider à comparer différents fournisseurs ou méthodes afin de réduire le temps nécessaire pour livrer le produit final au client une fois terminé. L'objectif principal est d'assurer une fluidité dans la production, un point que nous aborderons lors de l'étape d'amélioration du processus, une fois la matrice complétée.

Bloc 6 – L'empreinte carbone

Selon l'Agence de protection de l'environnement des États-Unis (EPA), l'empreinte carbone correspond aux émissions de gaz à effet de serre (GES), principalement le dioxyde de carbone (CO_2), générées par les activités humaines. Ces émissions peuvent provenir de la combustion de combustibles fossiles tels que le charbon, le gaz naturel et le pétrole, ainsi que de processus industriels et d'activités de transport. Les émissions de CO_2 contribuent au réchauffement climatique en raison de leur capacité à retenir la chaleur dans l'atmosphère sur de longues périodes.

L'empreinte carbone s'exprime en équivalents de CO_2 et se calcule en multipliant la quantité d'activité émettrice par le facteur d'émission correspondant. Ce facteur d'émission prend en compte l'efficacité avec laquelle un gaz absorbe l'énergie et la durée pendant laquelle il reste dans l'atmosphère. L'EPA insiste sur l'importance de réduire la consommation de combustibles fossiles et de privilégier des sources d'énergie plus propres afin de diminuer l'empreinte carbone et d'atténuer les effets du changement climatique.

De nombreuses entreprises ont commencé à réduire leurs émissions de carbone, et tôt ou tard, cet indicateur deviendra aussi courant que le temps, les coûts ou la qualité. C'est pour cette raison que j'ai intégré cet aspect dans la matrice PEZA, afin que vous puissiez anticiper d'éventuelles réglementations gouvernementales et commencer à réfléchir à la manière d'obtenir ces données et de les intégrer dans les activités quotidiennes. Si ce sujet vous intéresse, vous pouvez consulter les liens suivants pour calculer l'empreinte carbone :

- https://offset.climateneutralnow.org/footprintcalc
- https://www.carbonfootprint.com/measure.html

Ces trois indicateurs constituent le bloc empreinte carbone :

- **Empreinte carbone – Livraison du fournisseur :** Quantité d'émissions de gaz à effet de serre générées par le processus de transport ou de livraison des intrants depuis le fournisseur jusqu'au point d'utilisation.
- **Empreinte carbone – Transformation :** Émissions de carbone produites lors du processus de transformation des intrants en un produit ou un résultat.
- **Empreinte carbone – Livraison au client :** Émissions générées lors du processus d'expédition du produit final au client.

Voici la matrice appliquée à l'exemple de la pizzeria :

Ressource	Fournisseur	Empreinte Carbone Livraison Fournisseur (g CO_2)	Processus	Empreinte Carbone Transformation (g CO_2)	Empreinte Carbone Livraison au Client (g CO_2)
Menu physique/digital, interaction verbale	Serveur	0	Capturer et enregistrer la commande du client	1	0
Commande enregistrée	Serveur	0	Communiquer la commande au cuisinier	0	0
Farine, eau, sel, levure fraîche	Cuisinier	50	Mélanger et pétrir la pâte	150	0
Pâte fermentée	Cuisinier	0	Diviser et façonner la pâte	20	0
Four à pizza	Cuisinier	0	Préchauffer le four à haute température	500	0
Boules de pâte	Cuisinier	0	Étaler la pâte	30	0
Pâte étalée, sauce, mozzarella, basilic frais	Cuisinier	200	Ajouter la sauce et les ingrédients	40	0
Pizza crue	Cuisinier	0	Cuire la pizza	600	0
Pizza cuite	Serveur	0	Servir la pizza à table	10	5
Pizza servie	Sandra	0	Consommer la pizza	0	0

Tableau 13

Ces valeurs sont des estimations fictives qui peuvent être représentatives, mais elles ne correspondent pas à un calcul précis. L'empreinte carbone peut dépendre de plusieurs facteurs, tels que l'efficacité des équipements, les sources d'énergie utilisées, les distances de transport, etc., comme l'indiquent les sites que je vous ai recommandé de consulter.

Contrairement aux temps, ici, il est possible d'accumuler les émissions de CO_2 générées par toutes les activités de transformation, car ces émissions existent indépendamment du fait que ces activités soient réalisées avant ou après la commande du client. Dans ce cas précis, elles s'élèvent à 1354 g de CO_2. La différence avec le temps est que le client n'a pas à attendre la fermentation de la pâte une fois qu'il commande sa pizza.

Comme vous pouvez le constater, tout comme pour les temps, certaines activités génèrent une quantité importante de CO_2. L'objectif est de les réduire et de les contrôler. Voici la matrice PEZA complète :

Nom du processus	Préparation et Service de Pizza Napolitaine
Périmètre du processus	Depuis la prise de commande par le serveur jusqu'à la consommation par le client.
Produit ou service	Pizza napolitaine préparée selon la recette traditionnelle et servie au client à table.
Client final	Le client du restaurant qui commande et consomme la pizza napolitaine.
Bénéfice pour le client	**Profiter d'une pizza napolitaine de haute qualité, avec des ingrédients frais et une saveur authentique, servie rapidement et avec une excellente attention.**

Tableau 14

Processus Efficaces avec Zones Alignées

Ressource	Fournisseur	Outil d'envoi du fournisseur	Empreinte Carbone Livraison Fournisseur (g CO_2)	Temps d'Envoi Fournisseur (secondes)	Processus	Outil de transformation	Empreinte Carbone Transformation (g CO_2)	Temps de Transformation (secondes)	Responsable de l'action	Consulté	Informé	Responsable de l'activité	Résultat	Client	Outil d'envoi au client	Empreinte Carbone Livraison au Client (g CO_2)	Temps de Réception (secondes)	Outil de réception du client
Menu physique/digital interaction verbale	Serveur	Communication verbale	0	5	Capturer et enregistrer la commande du client	Communication verbale et digitale/manuelle	1	60	Serveur	Sandra	-	Ghislaine	Commande du client capturée et enregistrée	Serveur	Communication digitale/interne	0	0	Système ou registre manuel
Commande enregistrée	Serveur	Communication interne	0	0	Communiquer la commande au cuisinier	Communication interne verbale ou digitale	0	3	Serveur	0	Cuisinier	Ghislaine	Commande communiquée au cuisinier	Cuisinier	Écran interne	0	3	Visualisation interne
Farine, eau, sel, levure fraîche	Cuisinier	Chariot de transport	50	360	Mélanger et pétrir la pâte	Mélangeur automatique	150	900	Cuisinier	0	-	Ghislaine	Pâte prête pour fermentation	Cuisinier	Transport manuel	0	0	Conteneur de fermentation
Pâte fermentée	Cuisinier	Plateau de transport	0	0	Diviser et façonner la pâte	Couteau et travail manuel	20	300	Cuisinier	0	-	Ghislaine	Boules de pâte prêtes à être étalées	Cuisinier	Plateau de transport	0	0	Surface de travail
Four à pizza	Cuisinier	Indicateur numérique de température	0	2	Préchauffer le four à haute température	Contrôleur automatique de température	500	900	Cuisinier	0	-	Ghislaine	Four prêt à cuire	Cuisinier	Moniteur de température	0	900	Visualisation de température
Boules de pâte	Cuisinier	Transport manuel	0	1	Étaler la pâte	Laminoir	30	240	Cuisinier	0	-	Ghislaine	Pâte étalée, prête pour ajouter des ingrédients	Cuisinier	Transport manuel	0	1	Surface de travail
Pâte étalée, sauce, mozzarella, basilic frais	Cuisinier	Chariot d'ingrédients	200	1	Ajouter la sauce et les ingrédients	Distributeurs automatiques de sauce et de fromage	40	30	Cuisinier	0	-	Ghislaine	Pizza crue prête à cuire	Cuisinier	Transport manuel	0	0	Zone de préparation
Pizza crue	Cuisinier	Pelle à pizza	0	1	Cuire la pizza	Four à bois avec contrôle automatique	600	600	Cuisinier	0	Serveur	Ghislaine	Pizza cuite croustillante et garniture cuite	Serveur	Pelle à pizza	0	0	Assiette pour pizza
Pizza cuite	Serveur	Assiette pour pizza	0	5	Servir la pizza à table	Assiette pour pizza	10	1	Serveur	0	Sandra	Ghislaine	Pizza servie au client	Sandra	Assiette pour pizza	5	5	Table du client
Pizza servie	Sandra	-	0	0	Consommer la pizza	Couverts	0	1200	Sandra	0	Serveur	Ghislaine	Client satisfait	Sandra	-	0	0	-

Qualité et Coûts : Deux Blocs Clés à Approfondir

Jusqu'à présent, nous avons abordé chaque bloc un par un pour que vous puissiez comprendre les différentes parties de la matrice PEZA. Cependant, la réalité est quelque peu différente. Ce que je vous recommande, c'est de travailler sur les quatre premiers blocs simultanément (présentation, transformation, parties prenantes et outils) et, une fois cette base établie, de poursuivre avec les blocs concernant les temps et l'empreinte carbone. En réalité, l'empreinte carbone constitue une seconde phase du projet, car elle nécessite des calculs plus précis. Cependant, il reste essentiel de la contrôler, de l'améliorer et de la communiquer.

Pour mieux comprendre, on peut dire que la matrice est divisée en trois parties principales :

- Tout ce qui concerne le fournisseur,
- Tout ce qui concerne la production, et
- Tout ce qui concerne le client.

Tableau 15

Il est important de garder cela à l'esprit afin d'éviter toute confusion concernant le contenu à placer dans chaque colonne.

Un point pouvant prêter à confusion est la différence entre le temps de transformation et le temps de livraison au client. Dans certains processus, le temps de livraison peut ne pas exister, comme dans une ligne de production ou un processus informatique. Dans d'autres cas, il est pertinent, car il est nécessaire de transporter le résultat d'un point A à un point B.

Quelle que soit la manière dont vous décidez de remplir la matrice, le bloc « présentation » doit être le premier. Cela vous permettra de savoir de quoi vous parlez et d'avoir une idée claire de la portée du processus à analyser.

Voici donc les 6 blocs que je vous propose avec les informations nécessaires pour que vous puissiez commencer à cartographier vos processus.

Il est possible qu'au départ vous ne souhaitiez pas inclure tous les blocs, car vous n'avez pas besoin de toutes les informations que la matrice propose. Cela dépendra de vos objectifs. Mon objectif, quant à moi, est de vous fournir un outil qui vous aide à devenir plus compétitif et, pour les spécialistes en amélioration continue, à ne pas craindre de briser les paradigmes et à exploiter le potentiel des outils au-delà de leur usage initialement prévu.

Pour ceux qui souhaitent utiliser l'outil de manière plus approfondie, deux blocs supplémentaires, très importants, peuvent être ajoutés :

- **Le bloc Qualité**, qui correspond au pourcentage d'activités conformes aux critères d'acceptation définis.
- **Le bloc Coûts**, qui reflète le coût de chaque activité.

Je ne les ai pas intégrés directement, car l'objectif de la matrice PEZA est de fournir une représentation du processus compréhensible par tous et sur laquelle chacun peut s'accorder. En outre, elle sert de base pour avancer et décider quelles activités ou parties du processus nécessitent une cartographie plus détaillée. Comme mentionné précédemment, la matrice PEZA peut également servir d'outil préparatoire pour un **VSM** (Value Stream Mapping) ou un **MIFA** (Material and Information Flow Analysis).

Dans le chapitre suivant, je présenterai une version de la matrice incluant les blocs Qualité et Coûts, en omettant d'autres blocs. L'objectif est de vous apprendre à détecter des opportunités d'amélioration dans votre processus. Au final, c'est à vous de décider comment utiliser la matrice en fonction du problème ou du projet de conception de processus auquel vous êtes confronté.

En résumé, voici les étapes de création de la matrice PEZA :

1. **Commencez par le Bloc 1 : Présentation**
   - **Objectif** : Fournir un cadre clair du processus à cartographier, avec ses limites et ses objectifs.
   - **Instructions** :
     - Définissez le nom du processus.
     - Déterminez le périmètre (les limites entre le début et la fin).
     - Identifiez le produit ou le service final généré.
     - Définissez le client qui recevra ce résultat.
     - Décrivez l'avantage pour le client, un élément clé pour comprendre la valeur du processus.

2. **Complétez le Bloc 2 : Transformation**
   - **Objectif** : Décrire les principales activités qui transforment les intrants en résultats.
   - **Instructions** :
     - Énumérez toutes les activités de manière séquentielle. Chaque activité doit représenter

une étape du processus de transformation. Quelle activité spécifique transforme les intrants en résultats ?
- o Identifiez et notez les ressources ou intrants nécessaires pour chaque activité. De quoi avez-vous besoin pour réaliser cette activité ?
- o Spécifiez le résultat attendu de chaque activité (ce que cette activité livre ou produit en sortie). Ce résultat devient l'intrant de l'activité suivante, assurant ainsi un flux continu.
- o **Note** : Cette liste d'activités servira de base pour la cartographie dans les blocs suivants, car chaque activité contiendra les éléments supplémentaires nécessaires.

3. Cartographiez chaque activité individuellement pour les blocs restants

- **Méthode** : Travaillez sur chaque activité une par une et complétez les éléments nécessaires dans les blocs suivants (Parties prenantes, Outils, Temps, Empreinte Carbone, Qualité et Coûts). Ce processus garantit une analyse approfondie de chaque activité avant de passer à la suivante.

4. Pour chaque activité, répondez aux questions suivantes en fonction des blocs restants :

- **Bloc des Parties prenantes** :
  - o Qui est le fournisseur des ressources ?
  - o Qui est responsable de l'exécution de l'action ?
  - o Qui garantit que l'action est réalisée avec succès ?
  - o Y a-t-il quelqu'un à consulter ?
  - o Y a-t-il quelqu'un à informer ?

- o Qui est le client final ou interne de cette activité ?
- **Bloc des Outils** :
  - o Quel moyen utilise le fournisseur pour envoyer les ressources ?
  - o Quel outil est utilisé pour transformer les ressources ?
  - o Quel système ou outil est employé pour transmettre le résultat au client ?
  - o Comment le client reçoit-il le résultat ?
- **Bloc des Temps** :
  - o Quel est le délai estimé pour que le fournisseur livre les ressources ?
  - o Combien de temps prend l'activité de transformation ?
  - o Combien de temps faut-il pour livrer le résultat au client ?
- **Bloc de l'Empreinte Carbone** :
  - o Quelle est l'empreinte carbone liée à la livraison du fournisseur ?
  - o Quelle est la quantité de CO_2 générée par la transformation lors de cette activité ?
  - o Quelle est l'empreinte carbone de la livraison au client ?
- **Bloc de la Qualité** :
  - o Quels sont les critères d'acceptation de l'activité ?
  - o Quel pourcentage des résultats de cette activité respecte les standards de qualité ?
- **Bloc des Coûts** :
  - o Quel est le coût de l'activité en termes d'intrants, d'outils et de transformation ?
  - o Quel est le coût de la livraison des intrants et des résultats ?

Conclusion

À ce stade, j'espère que vous avez compris la signification du nom de la matrice : **Processus Efficaces avec Zones Alignées**. C'est la promesse qu'offre la matrice une fois que vous aurez terminé le mapping et amélioré vos processus.

CHAPITRE 3
OPPORTUNITÉS D'AMÉLIORATION ET DIFFÉRENTES UTILISATIONS DE LA MATRICE PEZA

L'amélioration des processus repose sur la résolution de problèmes. Comme nous l'avons vu précédemment, un problème correspond à l'écart entre le résultat attendu et le résultat obtenu. En d'autres termes, si vous n'obtenez pas ce que vous espérez, vous avez un problème à résoudre. Souvent, les processus atteignent leur capacité maximale et ne peuvent plus répondre à la demande. Dans ces cas, il devient nécessaire de repenser complètement le processus, car la marge d'amélioration est si faible que, même en atteignant une efficacité de 100 %, le processus ne pourrait pas fournir davantage. C'est dans ces situations qu'il faut innover ou créer quelque chose de totalement différent.

Un exemple parlant de cette nécessité est celui de l'intelligence artificielle. Lupita possède une entreprise spécialisée dans la traduction de textes techniques pour des entreprises. En moyenne, un traducteur professionnel peut traduire entre 300 et 400 mots par heure, soit l'équivalent de 8 à 12 pages par jour en travaillant huit heures. Dans l'entreprise de Lupita, trois traducteurs professionnels travaillent à plein temps, ce qui représente une production quotidienne de 24 à 36 pages.

Son principal client, Susy, lui confie régulièrement des textes techniques de 300 pages. Ce volume nécessite environ 8,5 jours de travail pour être traduit par l'équipe, en supposant que les processus soient solides et que l'équipe dispose d'une grande expérience.

Récemment, Susy a acquis de nouvelles machines et a désormais besoin que les documents soient traduits plus rapidement. Elle a cinq manuels de 450 pages chacun et demande à Lupita une estimation du temps de livraison.

En supposant une vitesse maximale de 36 pages par jour par l'ensemble de l'équipe, celle-ci pourrait livrer les cinq manuels en 12,5 semaines. Ce délai est cependant inacceptable pour Susy.

Toutefois, Mario, le frère de Lupita, spécialiste en intelligence artificielle, lui a démontré comment intégrer cette technologie dans les processus de traduction. Grâce à cette innovation, la vitesse de traduction passe à 500-600 mots par heure, ce qui équivaut à 15 à 20 pages par jour par traducteur. Ainsi, avec une capacité de traduction de 20 pages par jour par traducteur, Lupita et son équipe pourraient livrer les cinq manuels en 7,5 semaines.

Ce délai est bien plus favorable pour Susy et, comme personne d'autre ne peut réaliser ce travail plus rapidement que Lupita, elle décide de lui confier le contrat.

Même avec des spécialistes en amélioration des processus, Lupita n'aurait jamais pu atteindre une augmentation de 57 % sans un changement radical. Pour savoir quand un changement d'une telle ampleur est nécessaire, sans avoir à embaucher plus de personnel ou à acquérir de nouvelles machines, il est impératif de bien connaître le processus.

Si votre entreprise n'a pas de cartographies des processus ni de standards de travail, la manière la plus rapide d'identifier des opportunités d'amélioration est de créer la matrice PEZA. Que ce soit dans votre entreprise ou dans celle de votre client (si vous êtes consultant), le simple fait de chercher à clarifier des aspects tels que : qui fait quoi, pourquoi cela est fait de cette manière, combien de temps cela prend, etc. constitue déjà une étape vers des opportunités d'amélioration.

Si vous n'arrivez pas à compléter facilement la cartographie, c'est que vous manquez d'informations. Et si vous manquez d'informations, cela signifie que vous n'avez pas le contrôle nécessaire sur le processus pour réagir avant que les problèmes ne deviennent visibles. Croyez-moi, lorsque le client détecte un problème avant vous, il est déjà trop tard et cela vous coûtera en termes de réputation et de pertes financières.

En supposant qu'il s'agit de votre première cartographie de processus ou que vous cherchez à résoudre un problème à la racine, je vous conseille de choisir un processus lié à un produit relativement simple. Cela vous permettra de vous familiariser progressivement avec l'outil. Cependant, si cette option n'est pas possible et que vous devez intervenir immédiatement, ne vous inquiétez pas. Il suffit d'expliquer aux participants ce que vous allez faire, ainsi que la méthode que vous utiliserez pour la cartographie.

Vous pouvez utiliser le discours suivant pour introduire la matrice PEZA auprès des personnes impliquées dans le projet :

« La matrice PEZA est un outil clé pour cartographier, concevoir et contrôler nos processus ou chaînes de valeur. Elle nous offre une vision complète de chaque étape : les ressources que nous utilisons, qui est responsable, combien de temps prend chaque activité, et comment cela impacte à la fois le client et l'environnement. En regroupant toutes ces informations en un seul endroit, nous pouvons non seulement améliorer les processus existants, mais aussi concevoir de nouvelles solutions et optimiser le flux de travail pour que chaque étape soit alignée sur nos objectifs et apporte une plus grande valeur au client. »

Une fois que vous avez créé la matrice PEZA et que le processus est visualisé, il n'est pas nécessaire d'être un spécialiste pour identifier des opportunités d'amélioration, en particulier lorsque le processus est clairement hors de contrôle. Cela ne signifie pas que les spécialistes ne sont pas nécessaires, mais désormais, vous disposez d'une base solide pour initier les actions d'amélioration.

Ces questions vous permettront d'évaluer la matrice PEZA pour repérer des axes d'amélioration :

Bloc de Présentation

- Le nom du processus décrit-il clairement son objectif et son périmètre ?
- Les limites du processus sont-elles bien définies, évitant d'inclure des activités en dehors de son périmètre ?
- Le processus génère-t-il un produit ou un service final qui répond aux besoins réels du client ?
- Le bénéfice que le client obtient en recevant le produit ou le service est-il clairement compris ?
- Le client final est-il clairement identifié, ainsi que ses attentes vis-à-vis du processus ?
- L'équipe connaît-elle et comprend-elle les objectifs de ce processus ?
- Le processus est-il aligné sur les objectifs stratégiques de l'organisation ?
- La valeur ajoutée que le processus apporte au client est-elle bien définie ?
- Le bénéfice pour le client est-il documenté et validé ?
- Existe-t-il des indicateurs pour évaluer si le bénéfice pour le client est atteint ?

Bloc de Transformation

- Les ressources utilisées pour chaque activité du processus sont-elles les plus appropriées ?
- Chaque activité de transformation apporte-t-elle une valeur directe au produit ou au service ?
- Existe-t-il des activités qui pourraient être éliminées ou combinées pour plus d'efficacité ?
- Y a-t-il des ressources qui pourraient être réduites ou remplacées par des alternatives plus performantes ?

- Les ressources et résultats de chaque activité sont-ils clairement définis ?
- Y a-t-il des redondances dans l'utilisation de certaines ressources ?
- Le processus permet-il une certaine flexibilité pour s'adapter aux variations de la demande ?
- Le flux entre les activités est-il continu ou existe-t-il des interruptions inutiles ?
- La contribution de chaque activité à l'objectif final est-elle bien comprise ?
- Y a-t-il des goulots d'étranglement ou des activités qui limitent la vitesse du processus ?

Bloc des Parties prenantes

- Les rôles et responsabilités de chaque partie prenante sont-ils bien définis ?
- Chaque rôle dispose-t-il des ressources et de l'autorité nécessaires pour accomplir sa tâche ?
- Les responsables de chaque activité ont-ils suffisamment d'autonomie pour résoudre les problèmes ?
- Y a-t-il des rôles dupliqués ou inutiles qui ajoutent de la complexité au processus ?
- Certains rôles pourraient-ils être regroupés ou centralisés ?
- Le flux d'informations entre les parties prenantes au processus est-il adapté ?
- Les responsables comprennent-ils pleinement leurs tâches et les attentes associées ?
- Les rôles de consultation ou d'information pourraient-ils être réduits ou simplifiés ?
- Le client final est-il clairement identifié et participe-t-il de manière appropriée au processus ?

- Les responsables ont-ils une compréhension claire de leurs limites d'intervention dans chaque activité ?

Bloc des Outils

- Les outils utilisés pour la livraison par le fournisseur sont-ils les plus efficaces et adaptés au processus ?
- Y a-t-il des outils de transformation qui pourraient être modernisés ou améliorés ?
- Les outils utilisés pour la livraison au client respectent-ils les normes de temps et de qualité requises ?
- Y a-t-il des problèmes de compatibilité entre les outils utilisés dans le processus ?
- Est-il possible d'uniformiser certains outils pour faciliter le flux de travail ?
- Les outils de transformation sont-ils adaptés au type et au volume de travail ?
- Les outils de réception côté client permettent-ils une livraison rapide et fiable ?
- Y a-t-il des outils de transformation qui pourraient être automatisés ?
- Certains outils ou méthodes nécessitent-ils une formation supplémentaire pour les utilisateurs ?
- Les outils actuels produisent-ils des données utiles pour l'amélioration continue du processus ?

Bloc des Temps

- Le délai de livraison des fournisseurs est-il le meilleur possible, ou pourrait-il être réduit ?
- Certaines étapes consomment-elles systématiquement plus de temps que prévu ?
- Le temps de transformation de chaque activité est-il réaliste et conforme à l'objectif ?

- Existe-t-il des temps d'attente entre les étapes qui pourraient être réduits ou éliminés ?
- Est-il possible d'exécuter certaines activités en parallèle pour accélérer le processus ?
- Le temps de livraison au client est-il compétitif ou pourrait-il être amélioré ?
- Chaque activité a-t-elle un temps de transformation bien défini et contrôlé ?
- L'équipe connaît-elle et applique-t-elle le temps de réponse attendu pour chaque activité ?
- Y a-t-il des étapes où le temps d'attente est plus important que dans d'autres ?
- Le temps de chaque activité est-il révisé régulièrement pour identifier des opportunités d'amélioration ?

Bloc de l'Empreinte Carbone

- Les itinéraires de transport des ressources peuvent-ils être optimisés pour réduire les émissions de carbone ?
- Existe-t-il des alternatives de transport pour le fournisseur qui génèrent moins d'émissions de carbone ?
- Les activités de transformation produisent-elles des émissions de carbone significatives pouvant être réduites grâce à des changements de processus ?
- Les outils de transformation (machines, équipements) sont-ils optimisés pour réduire la consommation d'énergie et les émissions de CO_2 ?
- Existe-t-il des étapes du processus où l'utilisation d'énergies renouvelables pourrait réduire l'empreinte carbone ?
- La livraison du produit final au client génère-t-elle plus d'émissions que nécessaire ? Y a-t-il des options de transport plus écologiques ?

- Les sources d'énergie utilisées à chaque étape ont-elles été évaluées pour réduire les émissions indirectes ?
- Les matériaux et ressources utilisés proviennent-ils de fournisseurs plus durables ou avec une empreinte carbone moindre ?
- Le processus inclut-il des mesures pour compenser ou capturer les émissions de carbone générées lors de la transformation ?
- Existe-t-il des politiques à long terme pour réduire l'empreinte carbone à chaque étape du processus ?

Bloc de Qualité

- Chaque étape du processus dispose-t-elle de critères de qualité bien définis ?
- Le pourcentage de conformité de chaque activité est-il surveillé et contrôlé ?
- Y a-t-il des problèmes de qualité récurrents dans certaines activités spécifiques ?
- Les responsables appliquent-ils correctement les standards de qualité à chaque étape ?
- Le client final est-il satisfait du niveau de qualité fourni ?
- Y a-t-il des contrôles qualité pour détecter les erreurs avant de passer à l'étape suivante ?
- Le processus inclut-il des étapes de contrôle pour éviter l'accumulation de problèmes de qualité ?
- Le processus prévoit-il des mécanismes pour ajuster ou améliorer la qualité en temps réel ?
- La qualité des intrants fournis est-elle vérifiée avant le début de la transformation ?
- Y a-t-il des coûts supplémentaires liés à la gestion de la qualité dans le processus ?

Bloc des Coûts

- Le coût de livraison des intrants par le fournisseur est-il adapté à la valeur apportée ?
- Le coût de transformation de chaque activité est-il compétitif sur le marché ?
- Y a-t-il des coûts cachés ou supplémentaires qui n'ont pas été identifiés dans le processus ?
- Les coûts associés à chaque étape du processus sont-ils revus régulièrement ?
- Y a-t-il des activités qui génèrent un coût sans valeur ajoutée pour le client ?
- Les coûts de livraison du produit final au client sont-ils clairement définis ?
- Est-il possible de réduire les coûts d'une activité sans compromettre la qualité ?
- Existe-t-il des alternatives plus économiques en termes de fournisseurs ou de matériaux ?
- Chaque étape dispose-t-elle d'un budget spécifique pour contrôler les coûts ?
- Le processus est-il flexible face aux fluctuations des coûts sur le marché ?

Ces questions doivent être posées une fois la matrice créée, car elles vous aideront à réfléchir et à trouver de meilleures alternatives. Si vous concevez un nouveau processus, elles sont également valables, car elles contribuent à créer un processus plus robuste. Bien sûr, vous pouvez poser bien d'autres questions pour chaque bloc, mais celles-ci vous donnent une idée de ce que vous pouvez accomplir en formulant les bonnes questions.

Il est possible que vous pensiez que ces questions ne sont pas toujours utiles, car, par expérience, et comme nous l'avons vu dans le premier exemple du trajet de Sandra de son domicile au travail, les problèmes ou domaines d'amélioration sont souvent évidents. Cependant, il est important d'adopter une vision plus large pour s'assurer de prendre en compte tous les scénarios possibles d'amélioration et ne pas se limiter à résoudre uniquement ce qui est immédiatement visible. Passons maintenant à l'analyse d'un autre processus.

Exemple de visualisation du processus de réservation en ligne d'un livre dans une bibliothèque.

Karla a entendu parler d'un livre qu'on lui a recommandé et souhaite le lire. Elle décide donc de le réserver dans la nouvelle bibliothèque de son quartier.

Le processus, dans ses grandes lignes, est le suivant : Karla se connecte au portail en ligne et recherche le livre qui l'intéresse, dans ce cas, « 50 fables d'Ésope : avec des enseignements pour parents et enfants ». Le système lui indique si le livre est disponible à ce moment-là.

Une fois la disponibilité confirmée, Karla sélectionne une date et une heure pour venir récupérer le livre. Ensuite, elle finalise la réservation en fournissant ses informations personnelles et en confirmant sa demande. Cela déclenche une notification automatique envoyée au personnel de la bibliothèque contenant les informations sur le livre et l'utilisateur.

Le personnel de la bibliothèque localise le livre dans les rayons et le déplace vers la zone des réservations, en mettant à jour le système pour l'indiquer comme réservé.

Matrice PEZA

Ensuite, le système envoie un email de confirmation à Karla avec la date et l'heure de retrait. À l'heure prévue, Karla se présente à la bibliothèque avec une pièce d'identité. Le personnel vérifie la réservation, remet le livre et enregistre la transaction dans le système, en indiquant la date limite de retour, qui est également communiquée à Karla.

Enfin, le système met automatiquement à jour l'inventaire pour refléter le nouveau statut du livre ainsi que la date prévue de retour.

Représentons ce processus dans la matrice PEZA. Vous pouvez la voir dans le tableau 16.

Processus Efficaces avec Zones Alignées

- **Nom du processus:** Sélection et Réservation en Ligne
- **Périmètre du processus:** Depuis la recherche du livre jusqu'à sa remise à l'utilisateur à la bibliothèque
- **Produit ou service:** Remise du livre réservé
- **Client final:** Utilisateur du portail de bibliothèque
- **Bénéfice pour le client:** Accès rapide et facile au livre souhaité

Ressource	Fournisseur	Outil d'envoi du fournisseur	Temps d'envoi Fournisseur	% de conformité de la ressource	Processus	Outil de transformation	Temps de transformation	% de conformité du résultat	Responsable de l'action	Consulté	Informé	Responsable de l'activité	Résultat	Client	Outil d'envoi au client	Temps de Réception	% de conformité du résultat à la réception pour le client	Outil de réception du client
Accès au catalogue en ligne	Bibliothèque	Portail de bibliothèque en ligne		98%	Accès et recherche du livre	Portail de bibliothèque en ligne	1-3 min	98%	Utilisateur	N/A	N/A	Utilisateur	Livre trouvé	Utilisateur	Visualisation sur le portail		96%	Dispositif de l'utilisateur
Livre trouvé	Bibliothèque	Portail de bibliothèque en ligne		95%	Vérification de la disponibilité	Portail de bibliothèque en ligne	1 min	90%	Utilisateur	Bibliothèque	N/A	Utilisateur	Disponibilité confirmée	Utilisateur	Visualisation sur le portail		89%	Dispositif de l'utilisateur
Disponibilité confirmée	Bibliothèque	Portail de bibliothèque en ligne		90%	Sélection et confirmation de réservation	Portail de bibliothèque en ligne	2-4 min	92%	Utilisateur	Bibliothèque	Système de Gestion de Bibliothèque	Utilisateur	Réservation de l'utilisateur	Bibliothèque	Visualisation sur le portail		90%	Dispositif de l'utilisateur
Informations sur la réservation	Bibliothèque	Portail de bibliothèque en ligne		85%	Génération et envoi de notification	Système de Gestion de Bibliothèque	1 min	85%	Système de Gestion de Bibliothèque	N/A	Personnel de la bibliothèque	Responsable du service de prêts	Notification envoyée au personnel	Personnel de Bibliothèque	Système de Gestion de Bibliothèque		80%	Courrier électronique
Localisation du livre dans les rayons	Service de prêts	Système de Gestion de Bibliothèque		87%	Localisation et transfert du livre vers la zone de réserves	Physique	5-8 min	87%	Personnel de la bibliothèque	N/A	N/A	Responsable du service de prêts	Livre dans la zone de réserves	Personnel de Bibliothèque	Physique		85%	Rayonnage des réserves
Livre dans la zone de réserves	Personnel de la bibliothèque	Système de Gestion de Bibliothèque	2-4 min	88%	Mise à jour de l'état de la réservation	Système de Gestion de Bibliothèque	1 min	88%	Personnel de la bibliothèque	N/A	Système de Gestion de Bibliothèque	Responsable du service de prêts	État mis à jour	Système de Gestion de Bibliothèque	Système de Gestion de Bibliothèque		86%	Système de Gestion de Bibliothèque
État de la réservation	Bibliothèque	Système de Gestion de Bibliothèque		80%	Envoi de la confirmation de réservation à l'utilisateur	Courrier électronique	15-30 min	80%	Système de Gestion de Bibliothèque	Système de Gestion de Bibliothèque	Utilisateur	Responsable du service de prêts	Confirmation de la réservation et date de disponibilité	Utilisateur	Courrier électronique		78%	Courrier électronique
Identification de l'utilisateur	Utilisateur	Physique		85%	Vérification de l'identité à la bibliothèque	Système de Gestion de Bibliothèque	1 min	85%	Personnel de la bibliothèque	N/A	N/A	Responsable du service de prêts	Identité de l'utilisateur et réservation confirmée	Personnel de Bibliothèque	Système de Gestion de Bibliothèque		83%	Système de Gestion de Bibliothèque
Réservation confirmée	Personnel de la bibliothèque	Système de Gestion de Bibliothèque	1 min	95%	Remise du livre réservé	Système de Gestion de Bibliothèque	3 min	95%	Personnel de la bibliothèque	N/A	Système de Gestion de Bibliothèque	Responsable du service de prêts	Livre remis à l'utilisateur	Utilisateur	Physique		94%	Physique

Tableau 16

Peut-être vous demandez-vous pourquoi, dans la colonne « Fournisseur », j'ai indiqué « Bibliothèque » à certaines étapes, et à d'autres « Service de prêt » ou « Personnel de la bibliothèque », alors qu'il est logique que ce soit la bibliothèque qui fournisse le service à tout moment. Je l'ai fait ainsi uniquement pour les étapes où le processus est en contact avec le client final. Pour les étapes internes, je l'ai modifié, car le fournisseur est considéré comme le responsable du service pour le client interne ou pour celui qui réalise l'étape suivante du processus. Vous pouvez ajuster cela en fonction de ce qui représente le mieux votre processus ; l'important pour moi est de refléter qui est responsable de l'outil qui envoie la ressource.

Ressource	Outil d'envoi du fournisseur	Processus	Outil de transformation	Client
Accès au catalogue en ligne	Portail de bibliothèque en ligne	Accès et recherche du livre	Portail de bibliothèque en ligne	Utilisateur
Livre trouvé	Portail de bibliothèque en ligne	Vérification de la disponibilité	Portail de bibliothèque en ligne	Utilisateur
Disponibilité confirmée	Portail de bibliothèque en ligne	Sélection et confirmation de réservation	Portail de bibliothèque en ligne	Bibliothèque
Informations sur la réservation	Portail de bibliothèque en ligne	Génération et envoi de notification	Système de Gestion de Bibliothèque	Personnel de Bibliothèque
Localisation du livre dans les rayons	Système de Gestion de Bibliothèque	Localisation et transfert du livre vers la zone de réserves	Physique	Personnel de Bibliothèque
Livre dans la zone de réserves	Système de Gestion de Bibliothèque	Mise à jour de l'état de la réservation	Système de Gestion de Bibliothèque	Système de Gestion de Bibliothèque
État de la réservation	Système de Gestion de Bibliothèque	Envoi de la confirmation de réservation à l'utilisateur	Courrier électronique	Utilisateur
Identification de l'utilisateur	Physique	Vérification de l'identité à la bibliothèque	Système de Gestion de Bibliothèque	Personnel de Bibliothèque
Réservation confirmée	Système de Gestion de Bibliothèque	Remise du livre réservé	Système de Gestion de Bibliothèque	Utilisateur

Tableau 17

Si vous avez analysé la matrice complète, vous aurez remarqué que j'ai inclus les pourcentages de qualité. Dans le cas de la bibliothèque, les rôles sont bien attribués et chacun sait ce qu'il doit faire ; cependant, il existe des problèmes qui ne peuvent être résolus qu'en observant la performance de chaque activité.

En analysant le bloc de qualité —c'est-à-dire les colonnes « % de conformité de la ressource », « % de conformité du résultat » et « % de conformité du résultat à la réception pour le client »—, on peut constater que l'activité « Envoi de la confirmation de réservation à l'utilisateur » présente un problème : sa performance est de 80 % au niveau de l'étape de transformation et diminue à 78 % lorsque le client reçoit la confirmation. Cette différence est due au fait que le système peut envoyer ou non la confirmation, et que le client peut la recevoir ou non. Pour cette raison, j'ai différencié dans la matrice le moment où le produit est complété de celui où il est effectivement reçu par le client.

Le problème de réception de l'email peut être dû à des problèmes internes d'envoi ou à des problèmes liés à la messagerie du client, parmi d'autres raisons. Pour le savoir, il est nécessaire de détailler ce processus et de comprendre la cause profonde du problème afin de le corriger.

Il existe une méthodologie très efficace et souvent sous-estimée : les « Cinq Pourquoi » (ou 5 Whys en anglais). Cette méthode consiste à poser la question « Pourquoi ? » de manière répétée jusqu'à atteindre la cause profonde du problème, généralement en cinq questions, bien que cela puisse être plus ou moins selon la situation.

Pour utiliser cet outil, vous devez avoir un problème clairement défini. Comme le disait Charles Kettering : « Un problème bien posé est un problème à moitié résolu ». Pour bien formuler le problème, il est nécessaire de disposer d'informations et de bien connaître le processus. À cet effet, la matrice PEZA peut être un excellent outil.

Prenons l'exemple suivant : au cours des six derniers mois, l'étape « Localisation et transfert du livre vers la zone de réservation » a vu son temps de transformation passer d'une moyenne de 3-4 minutes à 5-8 minutes, ce qui a réduit le pourcentage de conformité de 93 % à 87 %. Cette situation a entraîné des retards dans le service et une baisse de satisfaction des utilisateurs, rendant nécessaire une optimisation des opérations pour retrouver le niveau d'efficacité précédent.

	Branche 1 (Organisation des Livres)	Branche 2 (Personnel)	Branche 3 (Technologie/Équipements)
Problème	Augmentation du temps à l'étape de « Localisation et transfert du livre vers la zone de réserves » de 3-4 minutes à 5-8 minutes		
1er Pourquoi	Pourquoi le temps de transformation a-t-il augmenté à cette étape ?		
Réponse	Parce que les employés mettent plus de temps à localiser et transférer les livres.		
2e Pourquoi	Pourquoi les employés mettent-ils plus de temps à localiser et transférer les livres ?		
Réponse	Parce que le système d'organisation des livres est devenu moins efficace	Parce qu'il y a moins de personnel disponible pour effectuer le travail	Parce que l'équipement utilisé pour localiser les livres fonctionne plus lentement
3e Pourquoi	Pourquoi le système d'organisation des livres est-il devenu moins efficace ?	Pourquoi y a-t-il moins de personnel disponible pour effectuer le travail ?	Pourquoi l'équipement fonctionne-t-il plus lentement ?
Réponse	Parce qu'il y a eu une augmentation du nombre de livres en réserve sans ajustements organisationnels	Parce qu'il y a eu des absences ou une faible disponibilité du personnel	Parce que le logiciel de localisation des livres n'est pas à jour
4e Pourquoi	Pourquoi aucun ajustement n'a-t-il été fait dans l'organisation des livres ?	Pourquoi y a-t-il eu des absences ou une faible disponibilité du personnel ?	Pourquoi le logiciel de localisation des livres n'est-il pas à jour ?
Réponse	Parce que le système de stockage n'est pas révisé périodiquement	Parce que du personnel supplémentaire n'a pas été embauché ou formé	Parce que le système ne reçoit pas l'entretien nécessaire
5e Pourquoi	Pourquoi le système de stockage n'est-il pas révisé périodiquement ?	Pourquoi du personnel supplémentaire n'a-t-il pas été embauché ou formé ?	Pourquoi le système ne reçoit-il pas l'entretien nécessaire ?
Réponse	Parce qu'il n'existe pas de procédure établie pour la révision de l'organisation	Parce que le budget du personnel n'a pas été ajusté à la demande	Parce qu'il n'existe pas de processus établi pour les mises à jour ou la maintenance préventive du système

Tabla 18

Ceci est un exercice typique utilisant l'outil les Cinq Pourquoi, où nous commençons à trouver rapidement des réponses à nos problèmes. Dès la réponse à la deuxième question, nous observons une ramification en trois questions différentes, ce qui est normal, car la plupart des problèmes n'ont pas une seule cause racine et il est nécessaire de considérer tous les facteurs. Dans cet exemple, je n'ai inclus que trois pistes, mais dans votre processus, il peut y en avoir une ou plusieurs.

Dans ce cas, je me suis arrêté au cinquième niveau de questions, mais vous pourriez continuer jusqu'à être certain d'avoir identifié la cause racine ou une piste importante (si vous n'avez pas encore de réponse définitive). Si la cause racine est identifiée, la solution devient souvent évidente, même si ce n'est pas toujours le cas. Dans tous les cas, le chemin vers la solution sera plus clair. Et si vous ne pouvez pas éliminer immédiatement la cause racine, vous pouvez mettre en place des actions temporaires, comme une inspection avant la livraison au client ou une double vérification, selon le problème que vous traitez.

Si, après avoir épuisé les questions, vous n'obtenez toujours pas de réponse satisfaisante, il est temps de mener un projet de recherche plus approfondi pour comprendre ce qui se passe, en utilisant des méthodologies ou des outils plus robustes, voire en consultant une agence de conseil. Il y a une grande différence entre demander qu'ils cartographient tout le processus et enquêtent sur tout depuis le début, et leur demander de se concentrer spécifiquement sur ce point précis.

Dans l'exemple de la bibliothèque, les solutions possibles seraient les suivantes :
- Établir une procédure formelle de révision et de réorganisation périodique des livres afin de s'adapter aux changements de demande.

- Réaliser une analyse de la demande et ajuster le budget du personnel pour embaucher ou former davantage d'employés, si nécessaire.
- Mettre en œuvre un plan de maintenance préventive pour le logiciel et les équipements de localisation, incluant des mises à jour et des révisions régulières.

Les Cinq Pourquoi ne sont qu'un des nombreux outils disponibles pour résoudre des problèmes et trouver des solutions ; je le propose car il est très utile. Un autre outil facile à apprendre, mais tout aussi précieux, surtout si vous n'êtes pas spécialiste, est le diagramme d'Ishikawa.

Exemple de la matrice PEZA dans la gestion de projet

Jusqu'à présent, nous avons travaillé avec des exemples de processus, mais la matrice peut également être utilisée pour obtenir une vision claire du développement d'un projet. Cela permet aux chefs de projet de communiquer et de valider les délais, les outils et les responsables, en atteignant un consensus dès le départ grâce à une vision synthétique et accessible des étapes du projet à un niveau macro.

La matrice PEZA est conçue pour les chefs de projet qui cherchent à maximiser l'efficacité, la clarté et la valeur de leurs processus. Avec son approche axée sur l'intégration, l'amélioration continue et la satisfaction client, cet outil permet non seulement de gérer les projets de manière plus efficace, mais garantit également que les résultats finaux respectent les standards les plus élevés en matière de qualité et d'alignement stratégique.

Analysons maintenant un exemple de projet de lancement et de développement d'un produit technologique en utilisant la matrice. L'objectif est de fournir une compréhension claire de son application pratique.

Le processus du tableau 19 couvre l'ensemble des étapes, depuis la définition des exigences jusqu'à la livraison finale du logiciel validé, prêt pour son implémentation. Le client final de ce processus est l'équipe chargée de l'implémentation ainsi que les utilisateurs finaux. Le principal avantage pour le client est de garantir que le logiciel répond aux fonctionnalités et à la qualité nécessaires pour une implémentation réussie, ce qui est essentiel pour répondre aux attentes des utilisateurs et assurer un déploiement efficace.

Matrice PEZA

Nom du Processus	Développement et Validation du Logiciel
Périmètre du Processus	Depuis la définition des exigences jusqu'à la livraison du logiciel validé au client
Produit ou Service Final	Logiciel validé et prêt pour l'implémentation.
Client Final	Équipe d'implémentation et utilisateurs finaux.
Bénéfice pour le Client	Garantit que le logiciel répond aux fonctionnalités et à la qualité nécessaires pour une implémentation réussie.

Ressource	Fournisseur	Outil d'envoi du Fournisseur	Temps d'envoi Fournisseur	Coût d'envoi de la ressource	Processus	Outil de transformation	Temps de Transformation	Coût de Transformation	Responsable de l'action	Consulté	Informé	Responsable de l'activité	Résultat	Client	Outil d'envoi au client	Temps de Réception	Coût d'envoi du Résultat	Outil de réception du client
Exigences du logiciel	Équipe produit	Réunion	1 jour	200 $	Définition des exigences	Document d'exigences	3 jours	1 500 $	Analyste Produit	Équipe produit	Direction Développement	Directeur Développement	Exigences du logiciel	Équipe de conception, Équipe produit	Logiciel de gestion	1 jour	100 $	Plateforme de gestion
Spécifications de conception	Équipe de conception	Logiciel de gestion	2 heures	50 $	Conception du logiciel	Outil de conception	1 semaine	3 000 $	Concepteur	Ingénieur QA	Direction Développement	Chef de Conception	Spécifications de conception	Équipe de développement	Plateforme de conception	1 jour	150 $	Plateforme de développement
Conception approuvée	Équipe de conception	Plateforme de conception	1 jour	50 $	Développement du logiciel	Outils de développement	2 semaines	15 000 $	Ingénieur Logiciel	Équipe de conception	Direction Développement	Chef de Projet	Logiciel développé	Équipe de tests	Plateforme de tests	2 heures	200 $	Système de tests
Logiciel développé	Équipe de développement	Plateforme de tests	2 heures	50 $	Tests fonctionnels	Logiciel de tests	1 semaine	5 000 $	Ingénieur QA	Équipe de développement	Direction Qualité	Chef Qualité	Résultats des tests	Équipe de validation	Plateforme de validation	4 heures	150 $	Plateforme de validation
Résultats des tests	Équipe de tests	Plateforme de validation	4 heures	50 $	Validation finale	Document de validation	3 jours	2 000 $	Ingénieur Qualité	Équipe de conception	Direction Implémentation	Directeur Qualité	Logiciel validé	Équipe d'implémentation, Équipe produit	Logiciel de gestion	1 jour	100 $	Système de gestion

Tabla 19

Points clés et domaines d'attention identifiés

1. Coûts et Durées de Transformation

Les coûts et les durées associés à chaque étape du processus sont significatifs, en particulier lors de la phase de développement du logiciel (2 semaines et 15 000 $) et des tests fonctionnels (1 semaine et 5 000 $). Cela suggère des opportunités d'optimisation, comme l'amélioration de l'efficacité des outils de développement et de test afin de réduire les délais et les coûts, sans compromettre la qualité.

2. Collaboration et Rôles Définis

La matrice détaille explicitement les rôles impliqués à chaque étape, avec des responsabilités claires pour les actions, les consultations et la communication des résultats. Cette clarté des rôles minimise les risques de mauvaise communication et garantit que chaque acteur connaît sa fonction et ses attentes, ce qui est essentiel pour maintenir la cohésion et réduire les délais liés aux autorisations ou aux consultations.

3. Outils de Transformation et d'Envoi

Les outils utilisés à chaque phase sont variés et spécifiques, comme l'utilisation de plateformes de tests et de contrôle qualité, ainsi que de systèmes de gestion. La dépendance à ces plateformes spécifiques souligne la nécessité d'assurer leur disponibilité et leur mise à jour afin d'éviter des interruptions. De plus, de multiples plateformes d'envoi et de réception sont utilisées, indiquant un processus techniquement bien soutenu, mais qui pourrait bénéficier d'une révision pour garantir l'interopérabilité et l'optimisation de ces systèmes.

4. Coût d'Envoi des Ressources et Résultats

Bien que les coûts d'envoi des ressources et des résultats soient moindres comparés aux coûts de transformation, ils représentent un impact économique et logistique qui, s'il est optimisé, pourrait réduire les dépenses dès les premières étapes. Par exemple, l'envoi des « Exigences du logiciel » (200 $) et des « Spécifications de conception » (150 $) pourrait être évalué pour consolidation ou rationalisation.

5. Responsabilité de la Qualité et Validation

Une approche intégrale de la qualité est observée avec une équipe dédiée à la validation finale, dont le rôle est d'assurer que le logiciel livré est conforme aux spécifications initiales. Cet aspect est essentiel pour garantir la qualité et réduire les risques de retours ou de reprises lors de la phase d'implémentation.

La matrice PEZA offre une vision claire de tout le processus de développement et de livraison du logiciel, depuis la définition des exigences jusqu'à la validation finale. Avec un accent mis sur l'efficacité des coûts, l'optimisation des délais et la clarté des rôles et responsabilités, des opportunités d'amélioration peuvent être identifiées, notamment en réduisant les délais de développement et de test ainsi que les coûts d'envoi.

J'espère qu'avec cet exemple, vous avez commencé à réfléchir à la manière d'utiliser la matrice dans vos projets.

Exemple de visualisation d'une chaîne d'approvisionnement d'un magazine d'histoire avec la matrice PEZA.

Dans cet exemple, nous utiliserons la matrice PEZA dans son intégralité, bien qu'il soit important de l'adapter en fonction de vos besoins. Vous pouvez, par exemple, ajouter une section de commentaires ou un plan d'action avec des responsables assignés si vous souhaitez refléter le suivi des progrès directement dans la matrice.

Contrairement aux autres exemples que nous avons utilisés, celui-ci se concentre sur un niveau macro des activités, propre à une chaîne d'approvisionnement. Au lieu de détailler chaque processus, l'objectif est d'offrir une vision globale de l'ensemble de la chaîne. En apportant transparence et traçabilité à chaque étape, cette approche permet d'identifier les goulots d'étranglement, d'optimiser les délais et d'améliorer la qualité des produits. En outre, l'analyse des coûts, de l'empreinte carbone et de la performance des fournisseurs facilite une prise de décision éclairée pour réduire les dépenses, minimiser l'impact environnemental et renforcer les relations commerciales.

De plus, la clarté des rôles et des responsabilités favorise la communication entre les départements, encourageant une collaboration plus efficace. Cette matrice agit comme un outil stratégique qui ne se contente pas de promouvoir l'amélioration continue et l'innovation, mais qui augmente également la satisfaction des clients en garantissant des produits de meilleure qualité et des livraisons plus efficaces. Ensemble, ces bénéfices contribuent au succès durable de l'entreprise à long terme.

Matrice PEZA

Nom de la Chaîne	Chaîne d'Approvisionnement pour la Création d'un Magazine d'Histoire
Périmètre	De l'acquisition du contenu jusqu'à la livraison finale au client
Produit ou Service Final	Magazine d'Histoire
Client Final	Abonnés et acheteurs dans les points de vente
Bénéfice pour le Client	Accès à un contenu historique de qualité et bien documenté, avec une présentation visuelle attrayante et fiable

Ressource	Fournisseur	Outil d'envoi du fournisseur	Temps d'envoi Fournisseur	% de conformité de la ressource	Coût d'envoi de la ressource	Empreinte Carbone Livraison Fournisseur (g CO₂)	Processus	Outil de transformation	Temps de Transformation	% de conformité du résultat	Coût de Transformation	Empreinte Carbone Transformation (g CO₂)	Responsable de l'action	Consulté	Informé	Responsable de l'activité	Résultat	Client	Outil d'envoi au client	Temps de Réception	% conformité résultat à la réception client	Coût d'envoi du Résultat	Empreinte Carbone Livraison au Client (g CO₂)	Outil de réception du client
Articles	Historiens	Courrier électronique	2 jours	95%	0 $	50	Acquérir le contenu	Révision et édition de style	10 jours	98%	2 000 $	100	Rédacteur	Chef de rédaction	Rédacteur en chef	Chef de rédaction	Articles prêts	Édition	Plateforme numérique		98%		10	Système d'édition
Rédaction et édition de contenu	Rédacteurs, Éditeurs	Système de gestion de documents		98%	0 $		Éditer et concevoir	Logiciel de conception graphique	5 jours	97%	1 500 $	80	Éditeur	Directeur artistique	Graphiste	Éditeur	Conception prête	Conception	Plateforme de conception numérique		97%		5	Système de conception
Papier et fournitures d'impression	Fournisseur de papier	Transport terrestre	5 jours	90%	300 $	1 000	Produire et publier	Presse d'impression	5 jours	99%	7 000 $	2 000	Responsable de production	Directeur de production	Contrôle qualité	Responsable de production	Magazine imprimé	Logistique	Service de livraison	3 jours	99%	0,5 $	500	Distributeur
Service logistique	Entreprise logistique	Transport terrestre et aérien	3 jours	95%	0,5 $	600	Distribuer et gérer la logistique	Service de transport national	3 jours	96%	500 $	400	Entreprise de distribution	Responsable logistique	Client final	Responsable logistique	Magazine livré	Abonné	Service de messagerie	1 jour	96%	0,5 $	300	Adresse client
Stratégie marketing	Département Marketing	Courrier électronique, réseaux sociaux		94%			Commercialiser	Plateformes de marketing numérique	5 jours	94%	1 000 $	50	Responsable marketing	Agence publicitaire	Directeur marketing	Responsable marketing	Campagne publicitaire	Public cible	Réseaux sociaux et e-mails		94%			Dispositif client

Tableau 20

Voici les conclusions tirées de l'analyse de la chaîne d'approvisionnement :

1. Conformité des intrants d'impression

L'analyse montre que la conformité des intrants d'impression est de 90 %, un pourcentage qui, bien que satisfaisant, reste inférieur à celui des autres étapes du processus. Étant donné que la qualité du papier et des autres intrants impacte directement la présentation visuelle et la perception du client, il est important d'améliorer cet aspect. Les recommandations sont les suivantes :

- Évaluer et sélectionner des fournisseurs ayant de meilleures performances en matière de qualité.
- Mettre en place des contrôles qualité plus stricts lors de la réception des intrants.

2. Empreinte carbone du transport

La matrice indique que l'empreinte carbone générée par le transport logistique atteint 600 grammes de CO_2, principalement en raison de l'utilisation de transport terrestre et aérien. Dans un contexte où la durabilité est essentielle, il est primordial de réduire cet impact environnemental. Les actions suivantes sont suggérées :

- Regrouper les envois afin de minimiser la fréquence et la quantité de transports.
- Collaborer avec des prestataires logistiques écologiques utilisant des options plus durables.

3. Temps de transformation lors de la production et de l'impression

Le temps de transformation à cette étape est de 5 jours, ce qui en fait l'un des plus longs et représente un goulot d'étranglement dans la chaîne d'approvisionnement. Pour accélérer ce processus sans compromettre la qualité, il est proposé :

- D'adopter de nouvelles technologies d'impression offrant plus de rapidité et d'efficacité.
- D'optimiser les processus de production en appliquant des méthodologies agiles et des initiatives d'amélioration continue.

4. Coût de transformation lors de la production et de l'impression

Avec un coût de transformation de 7 000 $, cette étape est la plus coûteuse du processus, affectant la marge bénéficiaire et le prix final du produit. Pour optimiser ces coûts, les recommandations sont :

- Évaluer et négocier avec les fournisseurs afin d'obtenir de meilleurs prix ou conditions.
- Mettre en œuvre des technologies et des processus plus efficaces pour réduire les dépenses opérationnelles.
- Analyser et éliminer les gaspillages dans la production afin de maximiser l'efficacité.

5. Conformité des résultats de la commercialisation

Bien que la conformité dans la commercialisation soit de 94 %, il existe une opportunité d'amélioration pour garantir que les campagnes marketing atteignent de manière optimale les clients. Les suggestions sont :

- Optimiser les stratégies de marketing numérique en utilisant des outils avancés de segmentation et de personnalisation.
- Analyser les données comportementales pour mieux comprendre l'audience et adapter les campagnes en conséquence.
- Mettre en place des indicateurs de suivi pour mesurer l'efficacité et ajuster les stratégies en temps réel.

En reflétant la chaîne d'approvisionnement dans la matrice PEZA, l'avantage est de pouvoir comparer les progrès réalisés. L'aspect le plus important est de visualiser les performances en un seul endroit, ce qui facilite la prise de décisions éclairées. De plus, en communiquant la matrice à tous les collaborateurs, ces derniers peuvent facilement comprendre les informations présentées.

L'avantage de représenter la matrice PEZA dans un tableur est qu'elle permet de regrouper les informations afin de les analyser de manière plus efficace. Par « regrouper », il s'agit d'organiser les résultats par blocs (temps, qualité, coûts et empreinte carbone). Le tableau suivant illustre un exemple de ce regroupement :

Matrice PEZA

	Processus	Acquérir le contenu	Éditer et concevoir	Produire et publier	Distribuer et gérer la logistique	Commercialiser
Temps	Temps d'Envoi Fournisseur (jours)	2	0	5	3	0
	Temps de Transformation (jours)	10	5	5	3	5
	Temps de Réception (jours)	0	0	3	1	0
Qualité	% de Conformité de la Ressource	95%	98%	90%	95%	94%
	% de Conformité du Résultat	98%	97%	99%	96%	94%
	% de Conformité du Résultat à la Réception Client	98%	97%	99%	96%	94%
Coûts	Coût d'Envoi de la Ressource	$0	$0	$300	$0,5	$0
	Coût de Transformation	$2 000	$1 500	$7 000	$500	$1 000
	Coût d'Envoi du Résultat	$0	$0	$0,5	$0,5	$0
Empreinte Carbone	Empreinte Carbone Envoi Fournisseur (g CO$_2$)	50	0	1000	600	0
	Empreinte Carbone Transformation (g CO$_2$)	100	80	2000	400	50
	Empreinte Carbone Envoi au Client (g CO$_2$)	10	5	500	300	0

Tableau 21

Comme vous pouvez le constater, j'ai mis en évidence les valeurs qui doivent être contrôlées et améliorées dans la chaîne. Ces valeurs peuvent être associées à des objectifs et faire l'objet d'un suivi afin de garantir que l'amélioration soit mise en œuvre. Si vous utilisez la matrice pour un projet d'amélioration d'un processus, vous pouvez employer le tableau pour montrer une comparaison entre l'avant et l'après.

Vous pourriez également représenter les données sous forme de graphiques afin de communiquer l'impact, par exemple, du coût de transformation lié à la production et à la publication. Par expérience, je sais que beaucoup de personnes ressentent un rejet à la simple vue des chiffres, ce qui les pousse à fermer leur esprit. Cependant, avec un graphique, vous pouvez transmettre votre message de manière plus efficace et susciter un sentiment d'urgence et d'engagement.

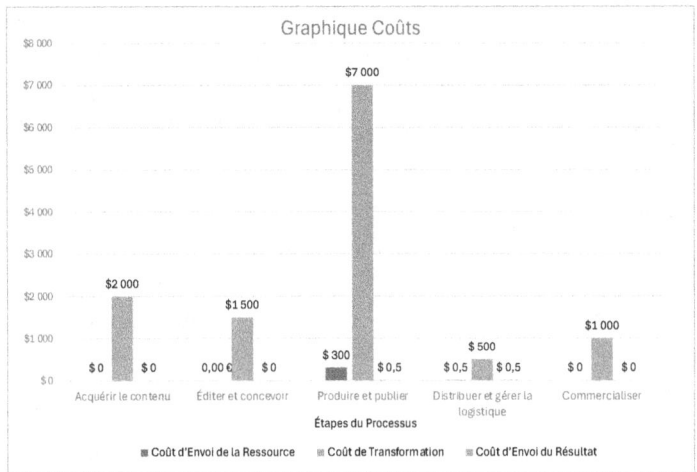

Le graphique montre les coûts par type (envoi des ressources, transformation et envoi des résultats) répartis par étapes du processus. De cette manière, vous pouvez contrôler les coûts par type à chaque étape, ce qui vous permettra de détecter rapidement des opportunités d'amélioration ou d'identifier des étapes avec des résultats anormaux.

Réflexion finale

Pour conclure, vous avez appris que la matrice PEZA est conçue pour capturer rapidement et clairement les processus, offrant une vision globale qui s'adapte aux besoins spécifiques de chaque entreprise. Sa flexibilité permet de représenter uniquement l'essentiel ou d'inclure un maximum de détails, selon les exigences de la situation. Sa principale valeur réside dans la facilitation du contrôle et de la communication à tous les niveaux organisationnels, en promouvant une compréhension partagée et alignée.

Matrice PEZA

Il est important de souligner que la matrice ne vise pas à être une solution universelle ni à remplacer les outils existants. Elle se positionne plutôt comme un complément efficace, pouvant être intégrée à d'autres méthodologies pour maximiser leurs bénéfices et accélérer leur mise en œuvre.

Grâce à son application, vous améliorerez non seulement la gestion de vos processus en augmentant leur efficacité et en alignant vos capacités sur les besoins des clients, mais vous disposerez également d'un outil favorisant la réflexion stratégique. Dans ce sens, élargir la portée de l'amélioration pour inclure l'impact environnemental de nos actions et considérer comment nos décisions affectent à la fois l'organisation et son environnement est une pratique qui fait la différence.

C'est pourquoi je vous invite à mesurer l'empreinte carbone de vos processus. L'intégration de cette mesure renforce non seulement la durabilité, mais démontre également un engagement concret envers l'environnement et les générations futures. Cette démarche, en alignant vos objectifs d'entreprise sur la responsabilité environnementale, peut constituer un avantage clé dans un monde de plus en plus conscient de son impact.

Agissez dès aujourd'hui ! Optimisez vos processus, créez de la valeur et contribuez à un impact positif sur la planète.

À PROPOS DE L'AUTEUR

Juan Peza est ingénieur industriel et entrepreneur franco-mexicain. Actuellement, il occupe le poste de Value Chain Manager pour la banque Société Générale. Dans d'autres entreprises, il a exercé les fonctions de directeur des opérations et de responsable de l'amélioration continue.

Depuis plus de dix-huit ans, il a contribué au succès d'entreprises telles que Merck Sharp & Dohme (Mexique et France), Danone (Maroc), Chromalloy (France, Angleterre et Pays-Bas), tout en ayant créé sa propre entreprise.

Autres Œuvres de l'Auteur

Le livre de stratégie le plus ancien du monde, réorganisé dans une édition qui facilite la compréhension de la méthode de Sun Tzu et son application pratique. Disponible en deux versions : l'une avec des citations des grands stratèges de l'histoire, et l'autre incluant la biographie de Napoléon Bonaparte, une analyse de la bataille d'Austerlitz, des citations célèbres et des illustrations de l'empereur.

Plongez dans le monde fascinant des fables d'Ésope et partagez de précieuses leçons de vie avec vos enfants. Ce livre unique allie développement personnel et leadership en entreprise au charme des fables classiques, offrant une expérience de lecture inoubliable pour toute la famille. Disponible en deux versions, chacune proposant une expérience visuelle distincte : une édition en couleur avec des illustrations détaillées et une autre en noir et blanc, mettant en valeur un style artistique élégant.

www.ingramcontent.com/pod-product-compliance
Lightning Source LLC
Chambersburg PA
CBHW082251220526
45469CB00009B/2957